CHINA PANORAMA
Chinese for Business

中国全景

商贸汉语

黄为之
杨廷治　编著

中华人民共和国教育部
对外汉语教学发展中心　组编审订

Language & Culture Press
语文出版社

《中国全景—商贸汉语》

顾　　问　姜明宝　吕必松

编 著 者　黄为之　杨廷治
英文翻译　熊文华

责任编辑　陈红玉

中国全景 — 商贸汉语

中华人民共和国教育部
对外汉语教学发展中心　组编审订

*

语文出版社出版

E-mail:ywp@public2.east.net.cn

100010　北京朝阳门南小街 51 号
新华书店经销　　北京联华印刷厂印刷
880 毫米 × 1230 毫米　1/16　13.5 印张
2002 年 5 月第 1 版　2006 年 2 月第 3 次印刷
ISBN 7-80126-660-9/G·429
05200

前　言

《中国全景》是由中华人民共和国教育部对外汉语教学发展中心约请从事对外汉语教学的专家编写的系列教材。

《中国全景》是中国第一部专门面向境外汉语学习者的大型电视系列教材,适用于母语非汉语的广大汉语学习者。

《中国全景》由《汉语语音导入》《初级汉语》《中级汉语》《商贸汉语》《旅游汉语》等组成初级、中级、高级三个层次的系列。《汉语语音导入》《初级汉语》为初级教材,《中级汉语》为中级教材,《商贸汉语》《旅游汉语》为高级教材。这三个层次的教材既相互衔接,又自成系统,相对独立。学习者可根据需要予以选用。

《中国全景》的各类教材都配有录音带、录像带和光盘,供学习者使用。

Foreword

China Panorama is a series of Chinese textbooks prepared by a group of TCFL experts invited by The Development Centre for Teaching Chinese as a Foreign Language Under the Ministry of Education of P. R. China .

China Panorama is the first large-scale Chinese teaching program in a TV series, specially designed for anyone who is keen to learn Chinese.

China Panorama consists of textbooks of various levels including *Chinese Phonetics*, *Approaching Chinese*, *Intermediate Chinese*, *Chinese for Business* and *Chinese for Tourism*. The first two books are meant for beginners, the third is devised for intermediate learners and the last two are prepared for advanced users. While connected with one another they remain independent and systematic.

China Panorama is accompanied by both audio and video tapes and CD-ROM for learners to choose from.

编写说明

　　《商贸汉语》是一部50集的电视教学系列片，该书是这套教学片的配套文字教材。这套教材，是专为外国人到中国做生意设计的，适合有一定汉语基础的外国朋友学习。1997年，中国在美国的一家电视台开始进行汉语电视教学，为适应形势和教学的需要，中华人民共和国教育部对外汉语教学发展中心组织编写了首批四套教材，本教材是其中的一种。

　　电视教学，是一种非面对面教学，或远距离教学，它有自身的许多特点。本系列片充分考虑了这些特点，是一部相当理想的电视教学片，可以直接在美国、欧洲和世界各地的电视台播放。同时，考虑到对外汉语课堂教学的需要，我们也力求使本系列片成为实践性很强的课堂用视听说教材。

　　1. 本教学片的内容是这样的：环球家电公司经理李一民到中国发展业务。他在中国上演了三部曲，开始是做进出口生意。以后在中国寻找代理商，不断拓展业务。最终，经过苦心经营，在中国成功地建立起独资企业、合作企业与合资企业。

　　李一民到中国后，偶遇大学时代的恋人钱月娟。二十余年后重逢，他们又成了生意上的伙伴。钱月娟的女儿玉婷在一家公司工作，在频繁接触中，对李一民产生了好感。女儿不知母亲与李一民之间的感情瓜葛，难免与母亲发生冲突。李一民的女秘书安娜，是一个典型的美国姑娘，开放、大胆、活泼，在同中国人的交往中，也生出许多故事。合资企业的中外双方代表，存在明显的文化差异，他们从磨合达到默契，不都是阳光灿烂的日子。但不管怎样，中国有外商经营、投资的理想环境，李一民的公司在中国得到了惊人的成功与发展。

　　2. 从上面我们已经了解到，作为经贸汉语电视教学片，我们充分注意到了它的可视性。全套50集有一个完整故事，有贯穿全片的几个主要人物,形成了全片的统一性和连续性,但随着故事的发展,人物环境也随之变化,于是我们又可以看到丰富多彩的社会风情画面和各式各样的人物。教寓于乐,学习者可以在轻松、愉快的氛围中,汲取到他所需要的知识。

3. 但是,作为经贸汉语电视教学片,它只能是一部真正意义上的教学片,而不是一般的电视娱乐片。趣味性和可视性,必然要受到严格制约。科学性、知识性、趣味性和可视性的统一,是这部电视教学片的最高追求。因此,本片的重点在经贸语言知识和经贸文化(国情与习俗)的教学,没有展开写故事,而只有一个故事梗概;也没有着意写人物,只是巧妙地运用人物关系和交际活动,形成语言交际的环境。人物语言,生动,得体;经贸专业词汇,具有实用性和普遍性;国情知识和中外文化差异比较,对国际经贸活动和跨国经营,提供了非常有价值的参考。

4. 本教学片各集长度一样。由于是远距离教学,学员对象不同,教学进度和教学效果难以控制。有的学员,可能想学会全片的内容;有的学员只要学会一点,有收获,也就满足了。为了体现从易到难、由浅入深、循序渐进的教学原则,满足不同学员的需要,教学主持人的讲解内容包括两部分,除了全集内容的教学外,每一集还选择了几个重点词和重点句进行教学。主持人在简明、生动讲解的同时,为学员提供了许多视听说的实践机会。学员在学习时,可以一边看,一边听,一边跟着说。

5. 现代教学,要求充分发挥多媒体功能。本教材的影视片、课本、录音带,将配套出版。课本包括课文、生词和生词总表。教师在组织教学时,为了更好体现视、听、说的教学特点和达到视、听、说的教学目的,可要求学生课前用课本作预习,在预习的基础上看影视片,跟教师做视、听、说练习;课后复习,对照课本再看影视片。

编写说明

　　本电视教学片，是在中华人民共和国教育部对外汉语教学发展中心的直接主持下编写的。有关的领导同志，吕必松、程棠、姜明宝、宋永波诸位先生参与了设计、定稿、制作等大量工作。参加首批四套教材编写的各位专家，也多次参加讨论，提了许多宝贵意见。我们在此一并表示衷心感谢!

　　由于我们的水平有限，教材中一定存在不尽如人意之处，诚请各界专家、朋友批评、教正!

对外经济贸易大学

黄为之

杨廷治

目　录

目　录

目 录

目　录

目　录

目 录

目　录

目 录

第一集　　　　偶　遇

（在某国际会议大厦,国际贸易研讨会正在举行。）
（大会厅）

主　席：女士们,先生们! 第五届国际贸易研讨会开幕式,现在结束,请大家休息20分钟。
（休息大厅,有酒吧。与会者三五成群谈论着。大都端着饮料。）

李一民：嗨,乔森纳先生,你也来了?

乔森纳：噢,我一年大半时间都在中国。这两位漂亮小姐,我能有幸认识一下吗?

李一民：这位是我的助手安娜。

安　娜：安娜·艾琳。

李一民：安娜小姐在中国留学三年,比我还了解今天的中国。这位是苏珊。

苏　珊：你好! 我是李先生的秘书。

（钱玉婷和刘天柱走过来）

钱玉婷：嗨,李先生,你们在这儿?哦,对不起,不打扰你们吧?

李一民：你来得正好,我来介绍一下,这位是微软公司的乔森纳先生。

钱玉婷：我是钱玉婷,万通咨询公司的英文翻译,很高兴认识您,乔森纳先生!

李一民：我们这次来中国,就是她们公司安排的。这位是……

乔林纳：刘天柱先生,泰康商厦总经理。

李一民：很高兴认识您! 你们认识?

刘天柱：我们商厦经销微软公司的计算机。

乔森纳：我和刘先生已经是老朋友了,刘先生,是不是?

安　娜：我们都是经营机电产品的，同在中国市场，自然是竞争对手了。

刘天柱：中国市场，是个大舞台，有你们的用武之地！

乔森纳：打仗？啊，不，不，我们要友好、公平地竞争！

苏　珊：俗话说，商场如战场，竞争往往很激烈，很残酷。乔森纳先生，你害怕这种竞争吗？

乔森纳：（两手一摊，作出否定姿态）

刘天柱：中国市场不仅大有用武之地，而且有非常理想的投资环境和经营环境。

李一民：是的。外国商人特别看好中国市场，我们公司已经来晚了。

乔森纳：不晚，今天大会的开幕式上，对外贸易经济合作部部长讲得很清楚，贸易前景十分广阔。

李一民：是的，我们充满了信心！

钱玉婷：乔森纳先生，对不起，我们过去一下。李先生，跟我来！

（李一民和安娜苏珊跟钱玉婷走到大厅的另一头，钱月娟背对玉婷站立与让·保罗、山口武夫交谈。）

钱玉婷：妈，给你介绍个人！

钱月娟：（转身）

钱玉婷：这位是……

李一民：啊，月娟！

钱月娟：是你？一民！

钱玉婷：你们认识？

新 词 语 *New Words and Phrases*

1.	偶遇	ǒuyù	chance to meet
2.	有幸	yǒuxìng	to have good fortune; lucky
3.	了解	liǎojiě	to understand
4.	打扰	dǎrǎo	to disturb
5.	安排	ānpái	to arrange; arrangement

6.	经理	jīnglǐ	manager; director
7.	经销	jīngxiāo	to sell on commission; to deal in
8.	公司	gōngsī	company; firm
9.	计算机	jìsuànjī	computer
10.	经营	jīngyíng	to manage; to engage in
11.	竞争	jìngzhēng	to compete; competition
12.	对手	duìshǒu	opponent; match
13.	市场	shìchǎng	market
14.	舞台	wǔtái	stage
15.	用武之地	yòngwǔzhīdì	a place for one's ability
16.	公平	gōngpíng	fair; just
17.	激烈	jīliè	fierce; intense
18.	残酷	cánkù	cruel
19.	害怕	hàipà	fear; to be afraid
20.	理想	lǐxiǎng	ideal
21.	环境	huánjìng	environment
22.	看好	kànhǎo	to have a good prospect
23.	前景	qiánjǐng	prospect
24.	广阔	guǎngkuò	broad; vast; wide
25.	信心	xìnxīn	confidence

一次聚会

(郊外,一处山清水秀的空地上,钱月娟等十余人正在野餐。人们或站或坐,有人在烧烤。)

女 王丽虹: 一民,这一去就是二十多年,你现在总算回来了!

男 何其烈: 一民现在是阔老板了,已不是当年那个穷学生喽!

女 李一民: 得了,你这个何其烈,说话还是这么尖刻!

何其烈: 是不一样嘛!我现在也想成为阔佬。

女 钱月娟: 你也下海呀!

何其烈: 我可没有你那个本事,只好教我的书。

钱月娟: 一民,你这二十多年过得怎么样?大家都挺关心你的。

王丽虹: 得,是你关心他吧?

男 齐云峰: 王丽虹,当年你们俩都拼命追一民,你没追到手,现在还嫉妒钱月娟?

王丽虹: 哪里呀,我还庆幸呢!要不,我还不得像月娟一样,害相思病?

何其烈: 你别说得那么轻松,刚才还在说:"你现在总算回来了!"多么情深意长啊!

(众笑)

女 安娜: (对李一民)李先生,给我讲讲你的这段恋爱史,好吗?一定很浪漫吧!

(李苦涩地一笑)

女 钱玉婷: 妈,你和李先生在大学是一对恋人?

钱月娟: 你别听他们瞎说!

李一民: 我在美国这二十多年,时时刻刻都在想念你们这些大学时代的老同学。

钱月娟: 那你为什么不回来?

李一民：	一言难尽啊！
何其烈：	可以理解。
李一民：	我在美国做生意，也算有了点事业，一时也不知该怎么办。
安　娜：	现在好了，回中国做生意，既圆了回乡梦，又可发展事业，一举两得！
刘天柱：	现在，中国经济发展很快，每年都以百分之十几的速度增长。
王丽虹：	全国政治稳定，物资丰富，市场繁荣，人民生活水平有了很大提高。
钱月娟：	我们的现代化建设，需要大量资金和先进技术，所以我们欢迎外国商人来华经营、投资。
刘天柱：	我们对外商和外国投资企业有许多优惠政策。
李一民：	这些，我都听说了，真令人鼓舞！
钱月娟：	过一些日子，你还会有更多亲身感受的。
李一民：	是的，是的。我们公司是经营家用电器的，我希望老同学能成为我的合作伙伴。
王丽虹：	最理想的人选，当然是月娟喽！（众又会心地一笑）

新 词 语　*New Words and Phrases*

1.	聚会	jùhuì	to get together
2.	尖刻	jiānkè	biting
3.	下海	xiàhǎi	to engage in trade
4.	拼命	pīnmìng	desperately
5.	嫉妒	jìdu	to envy; to be jealous
6.	庆幸	qìngxìng	luckily; fortunately
7.	相思病	xiāngsībìng	lovesickness
8.	轻松	qīngsōng	relaxed; light-hearted
9.	情深意长	qíngshēn-yìcháng	deeply affectionate

10.	恋爱	liàn'ài	to be in love(of a boy and a girl)
11.	浪漫	làngmàn	romantic
12.	想念	xiǎngniàn	to miss
13.	理解	lǐjiě	to understand
14.	生意	shēngyi	business
15.	事业	shìyè	career
16.	一举两得	yījǔ-liǎngdé	to gain two ends at once
17.	经济	jīngjì	economy; economics
18.	发展	fāzhǎn	to develop; development
19.	稳定	wěndìng	steady
20.	繁荣	fánróng	prosperous
21.	资金	zījīn	fund
22.	投资	tóuzī	to invest; investment
23.	企业	qǐyè	enterprise
24.	优惠	yōuhuì	favorable
25.	鼓舞	gǔwǔ	to encourage; encouragement
26.	感受	gǎnshòu	to experience; experience

 初次接触

(永辉机电公司会客室,李一民与钱月娟等环沙发而坐,进行第一次业务会晤)

(公司大楼前)

钱月娟: 欢迎!欢迎!

李一民: 谢谢!

钱月娟: 我介绍一下,这位是美国环球公司的经理李一民先生,这位是李先生的秘书苏珊小姐。这位是我们公司的业务部主任余大勇先生。

余大勇: (对李一民)很高兴认识你,李先生!

李一民: 我也很高兴!

余大勇: (对苏珊)苏珊小姐,欢迎您来我们公司!

苏　珊: 谢谢!

余大勇: 啊,玉婷小姐,我也来了!

钱玉婷: 我是他们的翻译嘛!不过,他们都是中国通,可能没我什么事儿。

钱月娟: 大家请跟我来!

(会客室)

钱月娟: 请进!大家请坐吧!李先生和苏珊小姐今天来我们公司,想同我们商谈进出口业务,我们表示热烈欢迎!

李一民: 我们环球公司经营家用电器,中美两国都是人口大国,家用电器,有广阔的市场。

钱月娟: 在我们两国之外,还有一个更大的世界市场!

李一民: 是的,家用电器不仅市场大,而且品种丰富。

余大勇: 随着科技的发展,每天都有新产品被开发出来。

苏　珊: 我知道,中国的家电业,这几年发展很快,有很强的竞争力。

钱玉婷： 中国有一大批产品已经达到世界先进水平。

苏　珊： 中国的海尔电冰箱，在美国市场上就很受欢迎。

李一民： 过去，美国经销商为了好卖，给海尔冰箱取了一个地道的美国名字，让人相信那是美国产品。

苏　珊： 就像女人嫁人一样，一嫁人就改名换姓。

（众笑）

余大勇： 现在，海尔用中文品牌直接进入美国市场，再也不用改名换姓了！

苏　珊： 中国产品用中文品牌进入世界市场，确实说明，中国经济发展了，谁也不能小看中国了。

李一民： 这是我们中国人的骄傲！所以，我希望经销这些名牌产品，还想把更多的中国产品推向世界！

钱月娟： 李先生的精神令人赞赏！

李一民： 我希望能与贵公司合作，为中国产品走向世界而共同努力。

钱月娟： 很高兴听你这样说！不过，你们刚来中国，还是多看看吧！

李一民： 你这不是在婉言谢绝吧？

钱月娟： 我想，你可能会有更好的选择！

新词语　*New Words and Phrases*

1.	接触	jiēchù	to contact
2.	会晤	huìwù	to meet
3.	业务	yèwù	business; profession
4.	商谈	shāngtán	to discuss; negotiation
5.	表示	biǎoshì	to express
6.	热烈	rèliè	warm
7.	电器	diànqì	electrical appliance
8.	品种	pǐnzhǒng	type; variety
9.	随着	suízhe	along with

10. 产品	chǎnpǐn	product
11. 开发	kāifā	to develop
12. 地道	dìdao	typical; genuine
13. 嫁人	jiàrén	to marry (of a woman)
14. 品牌	pǐnpái	good brand
15. 直接	zhíjiē	direct
16. 确实	quèshí	really; indeed
17. 小看	xiǎokàn	to belittle
18. 骄傲	jiāo'ào	to be proud of ; pride
19. 名牌	míngpái	famous brand
20. 推向	tuīxiàng	to put out
21. 精神	jīngshén	spirit
22. 赞赏	zànshǎng	to admire; to praise
23. 婉言	wǎnyán	gentle words
24. 谢绝	xièjué	to decline; to refuse
25. 选择	xuǎnzé	to choose

订货洽谈

（永辉机电公司会议室,李一民与钱月娟等举行业务会谈。）
（公司大门外）

钱玉婷：妈,李先生来了!

李一民：我知道你不会拒绝我。

钱月娟：玉婷,这些天,你陪李先生到什么地方看了看?

钱玉婷：我陪李先生看了四五家公司,这几家公司都有进出口经营权。

李一民：这些公司都给我留下了深刻印象。

钱玉婷：可李先生还是坚持要来这儿。他对这儿好像有一种特殊感情。李先生,你说是吧?妈你说呢?

钱月娟：(避而不答。转移话题)李先生,请到会议室谈吧!

（会议室）

钱月娟：李先生,请先说说你们的打算吧!

李一民：我们这次来,想订一批货;同时,我们希望同贵公司建立长期业务关系。

苏　珊：具体地说,我们这次想订购一批雪梅牌冰箱和冷柜。

钱月娟：你们想订购多少?

李一民：这要看价格了。如果价格合理,我们想多订购一些。

余大勇：不过,我们要根据你们的订货数量,才能报盘。

李一民：那好吧。雪梅冰箱和冷柜各500台。

钱月娟：你们第一次经销雪梅产品,销售得了这么多吗?

李一民：我看准了市场,不会把货压在手里的。

钱月娟：根据你们的订购数量,我们可以报一个优惠价格。余先生,请你把报价单给李先生。

余大勇：李先生看看，是采用 FOB 价格还是采用 CIF 价格?

李一民：我们愿意采用 FOB 价格。

钱月娟：我建议你们采用 CIF 价格,也就是成本加保险、运费目的港价。

余大勇：这样,运输和保险都由我们办理。

苏　珊：你们的报价是实盘吗?

钱月娟：不。价格要以我们最后确认的为准。

苏　珊：那就是说,我们还可以讨价还价。

钱月娟：你们可以还盘。

李一民：好吧,我们回去考虑一下。

（公司大门外）

钱玉婷：李先生,你们自己回宾馆好吗?我想跟我妈吃午饭。

李一民：好的,月娟,再见!我们明天继续谈判。

钱月娟：好的,明天见!

钱玉婷：妈,今天我是第一次看见你跟外国人谈判。

钱月娟：怎么,觉得挺新鲜,是不是?

钱玉婷：你好厉害!一点也不讲情面。

钱月娟：为什么要讲情面。

钱玉婷：你和李先生以前不是……

钱月娟：胡说什么,这是公事!

钱玉婷：噢,对了,公事公办!

新 词 语　*New Words and Phrases*

1.	订货	dìnghuò	to order goods
2.	洽谈	qiàtán	to hold a talk; to discuss
3.	会谈	huìtán	to talk; to negotiate
4.	拒绝	jùjué	to refuse

11

5. 坚持	jiānchí	to insist on
6. 特殊	tèshū	special
7. 感情	gǎnqíng	feeling; emotion
8. 订购	dìnggòu	to order
9. 价格	jiàgé	price
10. 合理	hélǐ	reasonable
11. 数量	shùliàng	quantity
12. 报盘	bàopán	to offer; quoted price
13. 销售	xiāoshòu	to sell
14. 采用	cǎiyòng	to use; to adopt
15. 建议	jiànyì	to suggest
16. 成本	chéngběn	cost
17. 保险	bǎoxiǎn	insurance
18. 运费	yùnfèi	transportation expenses
19. 目的港	mùdìgǎng	port of destination
20. 运输	yùnshū	to transport
21. 办理	bànlǐ	to handle; to go about
22. 实盘	shípán	firm offer
23. 确认	quèrèn	to confirm
24. 讨价还价	tǎojià-huánjià	to bargain
25. 还盘	huánpán	counter offer
26. 继续	jìxù	to continue
27. 谈判	tánpàn	to negotiate
28. 厉害	lìhai	shrewd
29. 情面	qíngmiàn	feelings

看 样

（公司样品陈列室，陈列着各种品牌的冰箱、电视机、空调、微波炉等家用电器。）

余大勇： 李先生，这里就是我们公司的样品陈列室，请进！

钱月娟： 我们的生意是凭品牌成交的，为了让你们放心，我还是请你们来看看样品。

李一民： 谢谢你的好意。不过，美国顾客很挑剔，呆会儿，你不要嫌我太苛刻喽！

钱月娟： 你这一关都过不了，我还敢把产品交给成千上万的顾客？

苏　珊： 顾客只是用户，我们可是行家。

钱月娟： 那你们这两位行家就请吧！

李一民： 玉婷小姐，你是不是也帮我们挑挑毛病？

苏　珊： 胳膊肘向外拐，不怕你妈骂？

钱玉婷： 要是你，你怕吗？

苏　珊： 我们美国女孩，不知道什么是怕。

钱玉婷： 我们中国女孩，知道什么事该做，什么事不该做！

余大勇： 李先生，我们这里陈列的都是中国名牌产品，你看，这里就是雪梅冰箱和冷柜。

李一民： 嗯，外观很好看！造型很美，光洁度也很高。

苏　珊： 性能怎么样？噪音大不大？

钱月娟： 苏珊小姐，这个冰箱里有饮料，你不妨打开冰箱，拿几听饮料给大家解解渴。

苏　珊： 好，（拿一听饮料做献贡状）救苦救难的女菩萨，请！

钱玉婷： （闭目合十）献上来！啊，好凉，好凉！（搓手）

（众笑）

钱月娟： 怎么样，苏珊小姐？

苏　珊： 嗯，性能不错，效果很好。现在起动了，噪音也很小。

钱玉婷： 李先生，你看，这儿有美国的安全认证标志UL。

李一民： 啊，这很重要。如果没有UL标志，就不能在美国市场销售。看来，我们今天来看样是多余的了！

苏　珊： 李先生，中国人不是说，耳听为虚，眼见为实吗？今天没有白来！

李一民： 你说得对，眼见为实。事实确实令人吃惊！

钱月娟： 李先生，你是不是再看看别的？这儿还有电视机、空调机、微波炉、计算机……

李一民： 不用了，不用了。我已经完全放心了！

钱月娟： 我们对每一件产品的要求，都是高品质，精细化，零缺陷，退货率和返修率都很低。

余大勇： 不合格的产品决不下生产线！

苏　珊： 将来发给我们的货，能跟样品的质量完全一样吗？

钱月娟： 李先生，这也是你的问题吗？

李一民： 啊，不，不，我没有这个担忧！

新　词　语　*New Words and Phrases*

1.	样品	yàngpǐn	sample
2.	陈列	chénliè	to display
3.	凭	píng	to rely on ; with
4.	成交	chéngjiāo	to conclude a transaction
5.	放心	fàngxīn	to rest assured
6.	好意	hǎoyì	good intention; kindness
7.	挑剔	tiāoti	hypercritical; to nit-pick
8.	苛刻	kēkè	harsh; severe

9. 行家	hángjia	expert
10. 毛病	máobìng	fault
11. 胳膊肘	gēbozhǒu	elbow
12. 外观	wàiguān	look; apearance
13. 造型	zàoxíng	shape
14. 光洁度	guāngjiédù	smooth finish
15. 性能	xìngnéng	property; function
16. 噪音	zàoyīn	noise
17. 救苦救难	jiùkǔjiùnàn	to help the needy and relieve the distressed
18. 菩萨	púsà	Buddha
19. 效果	xiàoguǒ	effect
20. 安全	ānquán	secure; safety
21. 认证	rènzhèng	to attest; to authenticate
22. 标志	biāozhì	symbol; mark
23. 多余	duōyú	surplus
24. 精细	jīngxì	meticulous; careful
25. 缺陷	quēxiàn	defect; flaw
26. 退货	tuìhuò	to return goods
27. 返修	fǎnxiū	to repair again
28. 生产线	shēngchǎnxiàn	production line
29. 担忧	dānyōu	to worry

合同磋商

（永辉公司会议室,李一民与钱月娟等继续谈判。）

钱月娟： 诸位，李先生昨晚跟我打了一个电话，再一次表达了他们的谈判诚意。

李一民： 昨天看了样品，我们决定增加订货量，钱经理也同意在价格方面作些让步。

钱月娟： 关于合同，还有一些问题,今天我们继续谈判。

安　娜： 请问，你们什么时候可以交货?

余大勇： 我想，我们首先应该就付款方式达成一致。

安　娜： 看来，我们彼此关心的问题很不一样。

钱月娟： 这关系到交货时间和批次!

李一民： 那么，你们希望采用什么付款方式呢?

余大勇： 我们希望采用不可撤销信用证。

钱月娟： 如果我们对开证行不了解,我们还要求是保兑信用证。

李一民： 啊,钱总，你不信任我嘛!

钱月娟： 我们第一次合作，需要有一个建立相互信任的过程。

李一民： 可我们曾经是……

钱月娟： 请不要扯那些题外话,我们谈的是几十万美元的生意!

李一民： 你?好,好……

余大勇： (缓和气氛地)其实，这也只是国际支付惯例。

钱月娟： 国际贸易环节很多，我们必须保证如期、安全收汇。

李一民： 这么说,我可以理解。

钱月娟： 还有一个重要问题,信用证的有效期应为三个月,并请在信用证上写明,有效地点中国。

李一民： 这没问题。

安　娜： 那么,你们什么时候可以交货?

余大勇： 在收到你们的信用证30天内,我们可以交货装船。

安　娜： 不能提前一些吗?

余大勇： 恐怕不能。备货、制单、办理出口手续,我们都需要时间。

安　娜： 那好,请你们装船后,及时把船期、船名通知我们。

余大勇： 这没问题。

李一民： 我们也希望能按时、按质、按量收到订货。

钱月娟： 你们可以放心,我们一向信守合同。

李一民： 还有索赔和仲裁条款,也很重要。

钱月娟： 是的,关于索赔与仲裁,合同书上已经写得很清楚,你们可以回宾馆仔细看看。

(公司大门外)

钱月娟： 玉婷,你今天怎么一言不发?

钱玉婷： 他们不需要我翻译,我只好当观察员啰!

钱月娟： 那你观察到了什么?

钱玉婷： 我发现你忘了一些很重要的东西。

钱月娟： 什么东西?

钱玉婷： 感情! 友情!

钱月娟： (似有所悟,嗔怒地)你有机会参加这样的谈判,就没学点有用的东西?

钱玉婷： 妈! 难道你就不想对女儿说点什么?

新 词 语 New Words and Phrases

1.	磋商	cuōshāng	to discuss
2.	表达	biǎodá	to express

3.	诚意	chéngyì	sincerity
4.	决定	juédìng	to decide; decision
5.	增加	zēngjiā	to increase; to add to
6.	让步	ràngbù	to make a concession
7.	交货	jiāohuò	to deliver goods
8.	付款	fùkuǎn	to pay
9.	方式	fāngshì	form; way
10.	达成	dáchéng	to reach; to conclude
11.	一致	yízhì	agreement
12.	彼此	bǐcǐ	mutual; each other
13.	批次	pīcì	batch number
14.	撤销	chèxiāo	to cancel
15.	信用证	xìnyòngzhèng	letter of credit
16.	保兑	bǎoduì	to guarantee to cash
17.	信任	xìnrèn	to trust
18.	过程	guòchéng	process
19.	惯例	guànlì	convention
20.	环节	huánjié	link; sector
21.	收汇	shōuhuì	to reiceive the money remiitted
22.	有效期	yǒuxiàoqī	term of validity
23.	信守	xìnshǒu	to abide by
24.	索赔	suǒpéi	to claim an indemnity
25.	仲裁	zhòngcái	to arbitrate
26.	条款	tiáokuǎn	clause(of a lgeal document)
27.	仔细	zǐxì	careful
28.	观察	guānchá	to observe

第七集 装 运

(外运公司的阳台上,太阳伞下,李一民与外运公司的职员正在交谈。远处是繁忙的港湾。)

苏　珊：啊,好美的港湾! 蓝色的大海,往来的船只,高耸的吊塔……

钱玉婷：啊,多情的小姐,醉人的诗句! 哈,哈,哈……

贺云帆：二位小姐好快活!

苏　珊：贺先生,你这外运公司真找了个好地方,我要是天天呆在这儿,该多好!

贺云帆：你到我们外运公司来工作嘛! 我们欢迎,只怕李先生不同意。

李一民：美国女孩想做什么事,是不需要别人同意的。

钱玉婷：就是。只是苏珊舍不得离开李先生!

李一民：得,说正经的吧。贺先生,我们想咨询一些有关装运的问题。

贺云帆：请说吧。

李一民：我们洽谈了一项进出口合同,是按 CIF 价格成交的。

贺云帆：这就是说,由卖方负责租船订舱,承担保险、运输费用。

李一民：是的。卖方在中国启运港装船,货物越过船舷后,就完成了交货。

苏　珊：以后的风险,就得由我们自己承担了。

贺云帆：这是 CIF 价格术语为各方规定的责任与义务。

苏　珊：我们在目的港收不到货,可以拒付吗?

贺云帆：卖方在完成交货以后,提供了符合合同规定的提单、保险单、发票及其他有关单证吗?

苏　珊：如果单证齐全,审核无误呢?

贺云帆：那你们就无权拒付了。

苏　珊：可我们确实没有收到货,或迟期收货呢?

贺云帆：请问,你们装运的是什么货物?

苏　珊：家用电器。

贺云帆：就是说,货物有销售包装,也有运输包装。

苏　珊：是的,而且是采用集装箱运输。

贺云帆：你们采用的是哪一种运输方式呢?是海运还是空运?

苏　珊：是多式联运。

贺云帆：一般来说,你们的包装不会有问题。如果你们没有收到货,或迟期收货,问题很可能就出在运输过程中了。

李一民：是的,我们所担心的,也正是这一点。

钱玉婷：李先生,你们的货委托中国外运公司装运,不会有问题的。

贺云帆：除非遇到不可抗力事故。

李一民：我们洽谈的合同中,关于不可抗力,有很具体的说明。

贺云帆：如果是这样,一旦出了事故,不难分清责任。

苏　珊：上帝,但愿不要遇到不可抗力事故!

钱玉婷：好人会有好运!

苏　珊：谢谢。贺先生,我们告辞了!

贺云帆：苏珊小姐,你刚才还在赞美这儿,说要留下来,怎么这就急着要走?

苏　珊：我会回来的!

新 词 语 *New Words and Phrases*

1.	装运	zhuāngyùn	to load for transportation; to ship
2.	阳台	yángtái	balcony; veranda
3.	交谈	jiāotán	to chat; to talk with
4.	繁忙	fánmáng	busy
5.	正经	zhèngjing	serious
6.	咨询	zīxún	to seek advice

7.	租船	zūchuán	chartering
8.	订舱	dìngcāng	to make reservations for shipping
9.	承担	chéngdān	to shoulder; to be responsible for
10.	费用	fèiyòng	expenses; cost
11.	启运港	qǐyùngǎng	starting port of shipment
12.	装船	zhuāngchuán	to ship; shipment
13.	货物	huòwù	goods
14.	越过	yuèguò	to go over
15.	船舷	chuánxián	side of a ship
16.	风险	fēngxiǎn	risk
17.	术语	shùyǔ	term
18.	规定	guīdìng	to stipulate; regulation
19.	义务	yìwù	obligation; duty
20.	拒付	jùfù	to refuse to pay
21.	提供	tígōng	to provide
22.	符合	fúhé	to accord with
23.	提单	tídān	bill of lading
24.	发票	fāpiào	invoice
25.	单证	dānzhèng	bills and documents
26.	审核	shěnhé	to examine; to verify
27.	集装箱	jízhuāngxiāng	container
28.	海运	hǎiyùn	ocean shipping
29.	空运	kōngyùn	airlift
30.	多式联运	duōshìliányùn	through transport in varied forms
31.	担心	dānxīn	to worry
32.	委托	wěituō	to entrust
33.	不可抗力	bùkěkànglì	force majeure
34.	事故	shìgù	accident
35.	一旦	yídàn	once
36.	但愿	dànyuàn	if only
37.	赞美	zànměi	to eulogize

第八集　　　　　　保　险

（保险公司接待室,李一民等访问公司业务员,咨询保险业务。）

李一民：　是你,丽虹!

王丽虹：　啊,我们主任只说今天有人来咨询业务,没想到是你们!

钱玉婷：　这也太巧了,你们俩在这儿碰上了!

苏　珊：　这是上帝的安排。

钱玉婷：　阿姨,我和苏珊是不是回避一会儿,你们好叙叙旧?

王丽虹：　你这鬼丫头!说吧,你们想了解什么?

李一民：　我们与月娟的公司洽谈了一项合同。

王丽虹：　我知道。月娟昨天来跟我谈过保险的事了。

李一民：　你知道我们最关心什么。

王丽虹：　自然是保险索赔与理赔问题。

李一民：　按中国的保险法,保险责任的起讫期限怎么计算?

王丽虹：　按国际惯例,我们采用的也是仓至仓条款。

苏　珊：　如果标的物运达目的地,未入我们的仓库,保险责任继续有效吗?

王丽虹：　在规定的时间里还有效。

李一民：　保险责任范围怎么划分呢?

王丽虹：　不同的险别,责任范围也不同。

苏　珊：　比如平安险。

王丽虹：　平安险的意思是对单独海损不负责赔偿。

苏　珊：　那么,水渍险呢?

王丽虹：　水渍险的意思就是负责单独海损。

苏　珊：这就是说,水渍险的承保范围比平安险要宽。

王丽虹：所以,保险费也高。

李一民：我们这次洽谈的是家用电器,关于投保险别,你有什么建议吗?

王丽虹：这需要我的建议吗?月娟不比我考虑得周到?

钱玉婷：阿姨,李先生当然需要你啰!

苏　珊：钱小姐,"我需要你",可不是能随便说的啰!

李一民：拜托了,二位小姐,我们在谈正经事!

王丽虹：你们可以加保一、二项附加险。

李一民：是特别险,还是特殊险?

王丽虹：不同货物应该选择不同的险别。

苏　珊：那么,我们需要投保战争险、罢工险吗?

李一民：我看不必投保这类特殊险。

钱玉婷：家用电器最常见的货损是碰损和被盗窃。

王丽虹：所以,你们可以加保碰损险和偷窃提货不着险。

李一民：这都是一般附加险。

王丽虹：如果你们投保了一切险,也就不需要再加保了。

李一民：我们投保的是水渍险。

王丽虹：我知道,所以我才这样建议。

钱玉婷：我说嘛,阿姨替李先生想的就是周到!

苏　珊：既考虑到货物的安全,又考虑到为我们节省保险费用。

新 词 语　*New Words and Phrases*

1.	接待	jiēdài	to receive; reception
2.	访问	fǎngwèn	to visit
3.	回避	huíbì	to avoid
4.	理赔	lǐpéi	to compensate for the loss or damage of what is insured

5.	起讫	qǐqì	starting and ending
6.	期限	qīxiàn	time limit
7.	计算	jìsuàn	to calculate
8.	仓至仓	cāngzhìcāng	from hold to hold
9.	有效	yǒuxiào	effective
10.	范围	fànwéi	scope; limit
11.	划分	huàfēn	to divide
12.	险别	xiǎnbié	types of insurance
13.	责任	zérèn	responsibility
14.	平安险	píng'ānxiǎn	free of particular average (F·P·A)
15.	单独海损	dāndúhǎisǔn	single maritime damage
16.	负责	fùzé	to be responsible for
17.	赔偿	péicháng	to compensate
18.	水渍险	shuǐzìxiǎn	with particular average (W.P.A)
19.	承保	chéngbǎo	to undertake to provide insurance
20.	投保	tóubǎo	to insure
21.	考虑	kǎolǜ	to consider
22.	周到	zhōudào	thoughtful
23.	随便	suíbiàn	casual; at random
24.	附加险	fùjiāxiǎn	additional insurance
25.	战争	zhànzhēng	war
26.	罢工	bàgōng	to go on strike
27.	碰损	pèngsǔn	to damage
28.	盗窃	dàoqiè	to steal; theft
29.	提货	tíhuò	to pick up goods sent

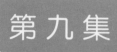

第九集   报 关

(海关报关厅,迎门正面墙上的大型电子显示屏上,正滚动播出海关作业信息。大厅里,有的报关员正在申报窗口办事,更多的报关员坐在沙发上等候、闲谈。李一民等走进大厅。)

钱玉婷:	李先生,这就是海关报关大厅。
李一民:	嗯,这儿很安静。现在开始报关了吗?
钱玉婷:	是的,大屏幕上正显示出单证审核情况。
李一民:	啊,我们可以清楚看到单证的审核进度。
钱玉婷:	李先生,我们去跟坐在沙发上的人聊聊吧!
苏 珊:	先生,请问你是来报关的?
报关员:	是的。
苏 珊:	在中国,什么人可以作报关员呢?
报关员:	经过海关培训、考核,合格的才能成为专职报关员。
钱玉婷:	你作为专职报关员,有什么感觉?
报关员:	过去很辛苦,现在好多了。
李一民:	先生能说得具体一点吗?
报关员:	先生一定知道,报关手续很复杂。
李一民:	是的。制单、申报、初审、复审、总复审……
苏 珊:	除了审单,还有征税、查验、放行。
报关员:	报一次,你就来回奔命吧!
李一民:	是够辛苦的。现在呢?
报关员:	现在?你看,我们大家都坐在这儿聊天!
苏 珊:	那么,怎么报关呢?
报关员:	现在,海关运用了进出口货物自动化通关系统,报关员只要从一个

窗口递进报关单证……

苏　珊：然后就坐在这儿静候?

报关员：是的。单证审核完毕,广播就会通知你去取单。

苏　珊：如果你填写的单证有错误呢?

报关员：显示屏上会告诉你。海关退单时,还会给你一张批注了原因的退单卡。

李一民：这样通关,减少滞报、滞港现象,可以节省一大笔开支。

报关员：先生说得很对。我们现在每报一次关,可以减少仓储、港口囤积等许多费用。

苏　珊：没想到,中国的报关制度这样完善。

报关员：还有更让人吃惊的报关方式。

苏　珊：噢,是什么?

报关员：现在有部分企业,经海关审核,在自己的办公室,就可以通过计算机网络,办理各项通关手续和关税自动转账手续。

钱玉婷：报关员就不必跑海关和银行了!

报关员：是的,所以我们现在就轻松多了!

李一民：噢,顺便问一下,现在关税税率怎么样?

报关员：国家根据进出口关税条例,及时作出调整,关税总水平已大幅度下降。

李一民：这是一个好消息。谢谢你!

钱玉婷：怎么样,李先生,印象不坏吧?

李一民：岂止不坏,简直是好极了!

新词语　*New Words and Phrases*

1.	报关	bàoguān	to declare something at customs
2.	海关	hǎiguān	customhouse
3.	显示	xiǎnshì	to display; to show

4.	信息	xìnxī	information
5.	申报	shēnbào	to declare; to apply for
6.	闲谈	xiántán	to chat
7.	屏幕	píngmù	screen
8.	进度	jìndù	rate of progress
9.	培训	péixùn	to train
10.	考核	kǎohé	to check; to test
11.	专职	zhuānzhí	full-time; specific duty
12.	辛苦	xīnkǔ	laborious
13.	具体	jùtǐ	to specify; in details
14.	手续	shǒuxù	formalities
15.	复杂	fùzá	complicated
16.	制单	zhìdān	to complete a form
17.	征税	zhēngshuì	to levy taxes
18.	查验	cháyàn	to check
19.	放行	fàngxíng	to check out; clearance
20.	奔命	bēnmìng	to rush about
21.	通关	tōngguān	clearance
22.	滞报	zhìbào	delayed declaration
23.	滞港	zhìgǎng	to be held up in the port
24.	仓储	cāngchǔ	to keep in a storehouse
25.	囤积	túnjī	to store; to hoard
26.	完善	wánshàn	perfect
27.	吃惊	chījīng	to surprise; surprising
28.	网络	wǎngluò	network
29.	关税	guānshuì	customs duty
30.	自动	zìdòng	automatic
31.	转账	zhuǎnzhàng	to transfer into an account
32.	税率	shuìlǜ	rate of taxation
33.	条例	tiáolì	regulations; rules
34.	调整	tiáozhěng	to adjust
35.	幅度	fúdù	range; extent
36.	简直	jiǎnzhí	simply

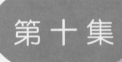 第十集 商 检

（商检局办公室,李一民等咨询进出口货物的商检问题。）
（商检局大门口）

钱玉婷： 喂,小丁!

丁　姗： 啊,玉婷! 好久不见了,你好吗?

钱玉婷： 你看呢?

丁　姗： 嗯,越来越漂亮了!

钱玉婷： 你也更苗条了,减肥有功!

丁　姗： 真的!

钱玉婷： 得,咱俩在这儿自我欣赏,把客人冷落了。

丁　姗： 哦,对不起! 你好! 你好!

苏　珊： 我觉得你俩挺有意思。

李一民： 丁小姐也是在商检局工作?

丁　姗： 是的。这不,刚从市场抽检了商品回来。

钱玉婷： 检查了些什么商品?

丁　姗： 主要是进口家用电器。

李一民： 哦,我们正想了解这类商品的检验情况。

丁　姗： 我正要向处长汇报抽检情况,我们就一起去找他吧!

（办公室）

关处长： 正好小丁去市场抽检回来,你们先一起听听。请坐吧!

李一民： 好的。

丁　姗： 这一次,我们主要抽查了进口商品质量许可制度的执行情况。

关处长： (对李)根据我们国家的《商检法》,我们对近40类进口商品,实行安

全质量许可证制度。

苏　珊：包括家用电器吗?

关处长：当然。凡涉及到人民的财产和人身安全的商品,都必须要有安全质量许可证书,而且必须加贴安全标志。

苏　珊：如果没有呢?

关处长：那就不准进口,更不准在中国市场出售。

李一民：那么,执行情况如何呢?

丁　姗：从这次抽查的情况来看,总的情况是好的,但也有不少质理有问题,或者没有加贴安全标志。

关处长：那就立即停止进口和出售!

李一民：关处长,是不是一切进出口商品,都要接受商检呢?

关处长：不。法定检验商品,必须报验;非法定检验商品,可以不报验,但我们有权进行抽查检验。

李一民：那么什么是法定检验商品,什么是非法定检验商品呢?

关处长：啊,国家商检局的《种类表》,有明确规定。

苏　珊：有人不报验或逃避检验吗?

丁　姗：当然有。但对货主没有好处。

关处长：经过商检,合格的货物,可以顺利通关;不合格的,我们发给检验证书,货主也便于向责任方索赔。

苏　珊：如果不报验而又侥幸通关,不是至少也可以不交纳检验费吗?

关处长：你认为这是一个好主意?

苏　珊：我?哦,不!

新 词 语 *New Words and Phrases*

1. 商检	**shāngjiǎn**	commodity inspection
2. 商检局	**shāngjiǎnjú**	bureau of commodity inspection
3. 苗条	**miáotiao**	slim; slender

4.	减肥	jiǎnféi	to slim
5.	欣赏	xīnshǎng	to enjoy
6.	冷落	lěngluò	to treat coldly
7.	抽检	chōujiǎn	to sample; sampling examination
8.	检查	jiǎnchá	to examine
9.	检验	jiǎnyàn	to inspect
10.	汇报	huìbào	to report
11.	制度	zhìdù	system
12.	执行	zhíxíng	to carry out; to implement
13.	许可证	xǔkězhèng	permit; license
14.	包括	bāokuò	to include
15.	涉及	shèjí	to be related to ; in connection with
16.	财产	cáichǎn	property
17.	人身	rénshēn	personal
18.	停止	tíngzhǐ	to stop
19.	接受	jiēshòu	to accept
20.	法定	fǎdìng	legal
21.	报验	bàoyàn	to report to the authorities for examination
22.	种类表	zhǒnglèibiǎo	list of commodities for inspection
23.	明确	míngquè	clear; clearly
24.	逃避	táobì	to escape; to shirk
25.	证书	zhèngshū	certificate; license
26.	侥幸	jiǎoxìng	by luck
27.	交纳	jiāonà	to pay

第十一集

签　约

（某饭店会议室，李一民与钱月娟正式签订合同。随后，共进晚餐。）

钱月娟：　李先生，根据我们双方讨论的意见，合同又作了一些修改，请你们
　　　　　再看看。

李一民：　好的。（接过合同仔细看起来）

苏　珊：　余先生，我听说中国有一句话，叫"天有不测风云"。

余大勇：　是的，所以国际贸易合同中有"不可抗力"条款。

苏　珊：　任何条款，都可能成为一句空话，对吧？

钱月娟：　苏珊小姐说这话，是不是对我们执行合同不放心啊？

苏　珊：　钱总忘了，你说过，我们这是第一次合作，需要一个建立相互信任
　　　　　的过程？

钱月娟：　我们彼此扯平了，是吧？

钱玉婷：　你们坐在一起，就说明彼此是相互信任的，何必要扯平！

苏　珊：　瞧，玉婷就这么帮她妈！

（众笑）

李一民：　嗯，这次修改得很好。

钱月娟：　合同中的商检条款，作了一些修改。

李一民：　我注意到了。我们同意以贵国商检局签发的检验证书，作为付款的
　　　　　单据之一。

安　娜：　我们要求在收到货以后有复检权。

钱月娟：　我们也同意了，但为你们复检的商检机构，应该是我们认可的。

李一民：　我看，这些都已经写得很清楚了。关于仲裁地点，还是请钱总再考

虑一下。

钱月娟：我们不是详尽讨论过了吗?

安　娜：我们对中国的仲裁机构和仲裁法不熟悉。

钱月娟：我国已经成为世界第二大国际商事仲裁中心，每年都要受理来自世界各国的数百件国际经济案件。

余大勇：我国仲裁裁决的公正性，得到了国际社会的公认。

李一民：好吧，仲裁地点在中国，并适用中国的仲裁法和仲裁程序。

钱月娟：我们也不愿看到令双方都不愉快的事。

李一民：即使有什么问题，也希望双方能通过友好协商得到解决。

安　娜：最糟糕，也就是请仲裁委员会来调解，千万别闹到法庭上见。

余大勇：我想，我们不会打官司的!

钱月娟：好，我们双方都没有异议了，合同可以签字了。

李一民：好的，我们签字吧!

（双方签字，举杯祝贺。）

钱月娟：干杯!

李一民：干杯!

钱月娟：我们准备了一点便餐，大家请吧!

（共同走向餐厅）

余大勇：希望你们尽早开来信用证，以便我们按期发货。

安　娜：好的，我们立即就办。

新 词 语　*New Words and Phrases*

1. 签约	qiānyuē	to sign an agreement
2. 正式	zhèngshì	formal; formally
3. 签订	qiāndìng	to conclude and sign
4. 讨论	tǎolùn	to discuss
5. 意见	yìjiàn	opinion; comment

6.	修改	xiūgǎi	to revise; to alter
7.	任何	rènhé	any
8.	空话	kōnghuà	empty talk; hollow words
9.	算账	suànzhàng	to settle an account; to get even with
10.	扯平	chěpíng	to get even with
11.	注意	zhùyì	to pay attention to
12.	签发	qiānfā	to sign and issue
13.	复检权	fùjiǎnquán	right of reexamination
14.	机构	jīgòu	organization; setup
15.	认可	rènkě	to approve
16.	详尽	xiángjìn	detailed
17.	熟悉	shúxī	familiar
18.	受理	shòulǐ	to accept(a case)
19.	案件	ànjiàn	legal case
20.	公正	gōngzhèng	just; fair
21.	公认	gōngrèn	generally accept
22.	程序	chéngxù	procedure
23.	履行	lǚxíng	to fulfil; to keep(a promise)
24.	即使	jíshǐ	even if
25.	协商	xiéshāng	to consult
26.	糟糕	zāogāo	bad
27.	调解	tiáojiě	to mediate
28.	官司	guānsi	lawsuit
29.	异议	yìyì	objection; dissent
30.	签字	qiānzì	sign; to affix one's signature
31.	尽早	jìnzǎo	at one's earliest convenience

第十二集　违约争议

（数月以后，钱月娟突然接到李一民的电话。李声称永辉公司没有严格履行合同。钱月娟要求提供证据。双方坐在一起，通过友好协商，达成了谅解。）

秘　书：经理，环球公司李先生的电话。

钱月娟：接过来吧！喂，李先生吗？

李一民：月娟，是我，一民！

钱月娟：找我有什么事吗？

李一民：我接到公司总部的来电，现在交货期已过，我们至今没有收到货。

钱月娟：查明原因了吗？

李一民：你知道，这不是我们的责任。

钱月娟：可是，我们把有关单证都提交给你们了。

李一民：你们提供的单证，不仅我们不能接受，我们的开证银行恐怕也不接受。

钱月娟：为什么？

李一民：你们在货物装船之前，没有按合同规定投保。

钱月娟：这是不可能的。你们可以看提单和保单。

李一民：我看了，保单的出单日期比提单的出单日期晚了整整一个月。

钱月娟：那怎么可能？这样吧，等我们查一查，以后再谈！

李一民：好吧，我等你的电话。

（数天后，钱月娟请李一民来公司商谈。）

钱月娟：首先，我要向李先生表示歉意，保单的出单日期，是制单员一时笔误，把月份写错了。

李一民：我能相信你的这种解释吗？

钱玉婷：唉，李先生，你还记得吗？

李一民：什么？

钱玉婷：那天我们在保险公司的事？

李一民：哦，那天我们谈了很多。

钱玉婷：王阿姨说，永辉公司已经去找他们谈过投保的事。

李一民：记得。可那不是有效的法律证据。

余大勇：事实是我们在货物启运前确实已经投保。

钱月娟：工作上的失误有时是难免的，我们希望能通过友好协商达成谅解。

李一民：好吧，我争取说服我的同事们。不过，我们不能按期收货，就不得不要求赔偿了。

余大勇：我想，你们只能去找保险公司。

安　娜：为什么？

余大勇：我们并没有违约，问题一定出在运输途中。

安　娜：我们投了水渍险，而且加保了碰损险和偷窃提货不着险。

钱月娟：如果你们当初加保交货不到险就好了。

余大勇：这样，你们收不到货或迟期收货，除不可抗力事故外，保险公司都要负责赔偿。

安　娜：玉婷，你当时还说，你的王阿姨为李先生考虑得多么周到呢！

钱玉婷：这就叫"天有不测风云"嘛！

新 词 语　*New Words and Phrases*

1.	违约	**wéiyuē**	to break a contract
2.	争议	**zhēngyì**	to dispute
3.	突然	**tūrán**	suddenly
4.	声称	**shēngchēng**	to claim
5.	严格	**yángé**	strict
6.	要求	**yāoqiú**	to ask; to require

7.	证据	zhèngjù	evidence
8.	通过	tōngguò	through
9.	谅解	liàngjiě	to understand
10.	总部	zǒngbù	head office
11.	原因	yuányīn	reason
12.	恐怕	kǒngpà	be afraid
13.	出单	chūdān	to issue
14.	歉意	qiànyì	apology
15.	笔误	bǐwù	a slip in writing
16.	解释	jiěshì	to explain
17.	法律	fǎlǜ	law
18.	事实	shìshí	fact
19.	失误	shīwù	error
20.	难免	nánmiǎn	unavoidable
21.	争取	zhēngqǔ	to strive for
22.	说服	shuōfú	to persuade
23.	同事	tóngshì	colleague
24.	按期	ànqī	on schedule
25.	当初	dāngchū	then; at that time

第十三集　　　寻找伙伴

（钱玉婷邀请李一民到家中作客，但她事前没有告诉她妈妈，当李一民来访时，钱月娟感到十分意外。他们谈到一些往事，也问到彼此的近况。以后，话题集中到了李一民想要寻找中国代理的问题上。）

钱玉婷：　妈，我今天请了一个客人来家。

钱月娟：　什么客人？

钱玉婷：　你别问。来了，你就知道了。

钱月娟：　我女儿是有男朋友了吗？

钱玉婷：　妈，你说，请客人吃什么呀？

钱月娟：　包饺子吧！一边包，还可以一边说说话。

（母女开始和面包饺子）

钱玉婷：　妈，你说，李一民先生怎么样？

钱月娟：　不错，聪明，能干。

钱玉婷：　你是不是爱过他！

钱月娟：　（感到突然，转而陷入回忆）是的。曾经有过一段美好的日子。

钱玉婷：　那么，以后又怎么分手了呢？

钱月娟：　（拂去回忆）说这还有什么意思！

钱玉婷：　我想知道嘛！

（门铃响了，钱玉婷去开门。）

钱玉婷：　请进！妈，客人来了！

钱月娟：　（迎出）是你？

李一民：　是我。怎么，玉婷不是说，你请我来作客吗？

钱月娟：　啊，啊，是的。我们正在包饺子呢，你也一块儿来包吧！

李一民：　（环顾室内）你爱人不在家？

钱玉婷： 他死了!

钱月娟： 玉婷!

钱玉婷： 他跟别的女人跑了!

李一民： 啊,对不起!

钱月娟： (平静地)没关系。我们离婚七八年了。

李一民： (转移话题)月娟,我们公司决心开拓中国市场。

钱月娟： 你们已经迈出了第一步,同中国有了进出口贸易。

李一民： 现在要迈第二步。我们要在中国寻找代理商。

钱月娟： 这不容易。一个好的代理商,要具备许多条件。

李一民： 是的,要有很好的商业信誉,很强的市场开拓能力。

钱月娟： 还要有很完善的市场营销网络。

钱玉婷： 你们要代理商经销什么产品?

李一民： 家用电器,主要是计算机。

钱玉婷： 中国家庭电脑的普及率还很低。

钱月娟： 这种高科技产品应用广,更新快,市场前景会一天比一天好。

李一民： 我们的产品将始终保持世界领先地位。

钱月娟： 代理商乐意经销这种产品。

李一民： 是的。我就知道你会感兴趣。

钱月娟： 我?你误会了。我是说,你可以找到理想的代理商。

李一民： 你就是我心中最理想的人选!

钱月娟： (断然地)不!

钱玉婷： 妈!

新 词 语 *New Words and Phrases*

1.	寻找	xúnzhǎo	to look for
2.	伙伴	huǒbàn	partner; companion
3.	事前	shìqián	in advance; beforehand
4.	意外	yìwài	unexpected; accidental

5.	往事	wǎngshì	past events
6.	近况	jìnkuàng	recent development
7.	话题	huàtí	topic
8.	集中	jízhōng	to concentrate on ; to focus
9.	代理	dàilǐ	to act on behalf of somebody
10.	聪明	cōngming	clever
11.	能干	nénggàn	capable
12.	曾经	céngjīng	once
13.	分手	fēnshǒu	to part company
14.	离婚	líhūn	to divorce
15.	决心	juéxīn	determination; to be resolute
16.	开拓	kāituò	to open up
17.	迈出	màichū	to take a step forward
18.	代理商	dàilǐshāng	business agent
19.	信誉	xìnyù	reputation; prestige
20.	普及率	pǔjílǜ	rate of popularization
21.	更新	gēngxīn	to renew; to replace
22.	始终	shǐzhōng	always
23.	保持	bǎochí	to keep
24.	领先	lǐngxiān	leading; to take the lead
25.	地位	dìwèi	position
26.	乐意	lèyì	willing
27.	误会	wùhuì	to misunderstand
28.	人选	rénxuǎn	candidate

第十四集　　销售代理

(李一民经万通咨询公司介绍，访问电算应用公司经理史成良，就建立销售代理关系进行磋商。)

李一民：史先生，我们想在中国委托一家销售代理，钱小姐极力推荐贵公司。

史成良：我们很荣幸！我想，你已经了解我们公司的情况了。

李一民：是的。这要感谢钱小姐，她给我们作了详细介绍了。

史成良：我们公司虽然是一家新兴公司，但业务发展很快。

钱玉婷：最近几年，全国各地的现代化商厦、超级市场、连锁店，好像一夜之间都冒了出来。

史成良：这就是我们公司的发展机遇。

安　娜：采用计算机系统，实现商业自动化管理，是当代商业不可抗拒的潮流。

史成良：我们抓住了机遇，取得了成功。

李一民：我很欣赏你们公司的远见和气魄！

钱玉婷：他们的经营实绩也叫同行们羡慕。

史成良：(对李一民) 在这方面，贵国有良好的硬件设施，科学的软件系统，丰富的管理经验，很值得我们学习。

安　娜：史先生太客气了。中国人常说，各有所长，也有所短，优势互补嘛！

李一民：安娜说得对！所以，我们两家公司可以合作。

史成良：李先生，老实说，我对贵公司几乎不了解。

李一民：对不起，我应该主动向你介绍我们公司。

安　娜：了解对方，是最起码的合作条件。这是我们公司的背景资料，你看了,一定会对我们公司感兴趣。

史成良: 你们想找一个什么样的伙伴?

李一民: 独家销售代理。

史成良: 这就是说,你们承诺,不在中国发展多家代理关系,我们公司有独家专营权。

李一民: 是的。当然,你们也要承担相应的义务。

安　娜: 比如,一定数额的年销售量,不得经营其他国家的同类产品,也不能把我们的产品再转口到贵国以外的地区去。

史成良: 这些是合理的限制。

李一民: 更重要的是,及时为我们提供市场信息,把用户对产品的需求和意见反馈给我们。

史成良: 那么,我们的权利呢?

李一民: 你们可以得到合理的佣金。

史成良: 多少?是 5% 还是 10% ?

安　娜: 我相信,是最优厚的!

李一民: 你们也可以通过代理折扣方式获得报酬。

史成良: 佣金和代理折扣,我们都可以接受!

李一民: 那太好了!

史成良: 我们先起草一份代理协议书吧,我们好进一步磋商。

李一民: 好的。

新 词 语　*New Words and Phrases*

1.	极力	jílì	to do one's utmost
2.	推荐	tuī jiàn	to recommend
3.	详细	xiángxì	in detail
4.	新兴	xīnxīng	newly rise
5.	超级市场	chāojíshìchǎng	supermarket

6.	连锁店	liánsuǒdiàn	chain store
7.	机遇	jīyù	chance
8.	管理	guǎnlǐ	to manage
9.	抗拒	kàngjù	to resist
10.	潮流	cháoliú	tide
11.	抓住	zhuāzhù	to grasp
12.	远见	yuǎnjiàn	vision; foresight
13.	气魄	qìpò	boldness of vision
14.	实绩	shíjì	tangible achievements
15.	羡慕	xiànmù	to admire
16.	硬件	yìngjiàn	hardware
17.	设施	shèshī	equipment
18.	软件	ruǎnjiàn	software
19.	值得	zhídé	to deserve; to be worth
20.	优势	yōushì	superiority
21.	几乎	jīhū	almost
22.	主动	zhǔdòng	active; to take the initiative
23.	起码	qǐmǎ	at least
24.	背景	bèijǐng	background
25.	资料	zīliào	material
26.	承诺	chénnuò	to promise; commitment
27.	专营	zhuānyíng	to specialize in
28.	相应	xiāngyìng	corresponding
29.	限制	xiànzhì	to limit; restriction
30.	及时	jíshí	on time
31.	需求	xūqiú	to demand and supply
32.	反馈	fǎnkuì	to feedback
33.	权利	quánlì	right
34.	佣金	yōngjīn	commission; middleman's fee
35.	优厚	yōuhòu	excellent
36.	折扣	zhékòu	discount
37.	报酬	bàochou	reward; pay
38.	协议	xiéyì	agreement

第十五集　　合作经营

（在某饭店的一个小包间里，经钱月娟推荐，李一民与刘天柱商谈合作经营事宜。双方边吃边谈，就合作经营泰康商厦，达成了初步意向。）

李一民：月娟，我想请你同我合作经营，你却向我推荐别人。

钱月娟：泰康商厦正在寻找合作伙伴，不是现成的嘛！

李一民：可我并不了解刘天柱先生。

钱玉婷：刘叔叔同我妈很熟，你放心好了。

（刘天柱走进小包间）

刘天柱：我是不是来晚了？

钱玉婷：你再不来，我妈可要骂你了！

钱月娟：得，免骂，呆会儿，罚酒三杯！

刘天柱：好，甘愿受罚。（对李一民）李先生，很高兴我们又见面了！

安　娜：刘先生，你没有忘记我吧？

刘天柱：安娜小姐！一日幸会，终生难忘。你好！你好！

安　娜：那就坐我身边吧！

钱月娟：今天是你们谈正事，我就只管吃了。

李一民：刘先生，我们都有建立合作经营企业的愿望，希望我们能携手合作。

刘天柱：欢迎啊！我们商厦，是一座大型现代化商厦。我们正准备开设几十家超市连锁店。

李一民：这需要注入大量资金，也需要现代化管理。

刘天柱：是的。所以我们需要合作伙伴。

李一民：我们可以投入现金，也可以投入设备。

刘天柱：按规定，你们的投资，不能低于合作经营企业注册资本的 25%。

李一民：我们可以做到。但是，我们希望对商厦有冠名权。

刘天柱：这就是说，我们必须用环球泰康商厦的名字？

李一民：这不为难吧？

刘天柱：很遗憾，这不行。消费者对你们环球公司不熟悉，这不利于经营。

安　娜：可以从不熟悉到熟悉嘛！

刘天柱：可是你们希望尽快收回投资。

安　娜：那当然。我们应当在合作期内，逐年收回投资，并且获得的利润应该高于一般国际贷款利率。

李一民：我们可以把合作期限订得长一些嘛！

刘天柱：多长？三年？五年？还是十年？

李一民：这可以商量。月娟，你是不是也谈谈看法。

钱月娟：我？我看你最好放弃冠名要求。

刘天柱：我们在做企业宣传的时候，不会忘了你们。

钱月娟：你看，他做事不是很灵活嘛！

李一民：好吧，为了我们能携手合作，我放弃冠名要求。

刘天柱：关于合作经营的细节，我们就改日再谈吧！

钱玉婷：你们只顾说话，再不吃，我一个人可要把菜吃光了！

新 词 语　*New Words and Phrases*

1.	合作	hézuò	to cooperate
2.	事宜	shìyí	matters concerned
3.	意向	yìxiàng	intention
4.	现成	xiànchéng	ready-made
5.	甘愿	gānyuàn	willing
6.	受罚	shòufá	to be punished
7.	幸会	xìnghuì	nice to meet

8. 终生	zhōngshēng	all one's life
9. 建立	jiànlì	to establish
10. 愿望	yuànwàng	wish
11. 携手	xiéshǒu	to joint hands
12. 准备	zhǔnbèi	to prepare; preparation
13. 注入	zhùrù	to pour into
14. 投入	tóurù	to invest in; to put into
15. 现金	xiànjīn	cash
16. 设备	shèbèi	equipment
17. 注册	zhùcè	to register
18. 资本	zīběn	capital
19. 冠名	guànmíng	to name after
20. 为难	wéinán	in an awkward position
21. 遗憾	yíhàn	sorry; pity
22. 尽快	jìnkuài	as soon as possible
23. 利润	lìrùn	profit
24. 货款	dàikuǎn	to loan; loan
25. 利率	lìlǜ	rate of interest
26. 放弃	fàngqì	to give up
27. 宣传	xuānchuán	to propaganda
28. 灵活	línghuó	flexible
29. 细节	xìjié	particulars; details
30. 改日	gǎirì	to make it some other day

公关策划

（一家花园别墅的草坪上，李一民向刘天柱等介绍刚从美国来的杰克先生，他将代表环球家电公司出任泰康商厦合作经营企业的美方经理。以后，他们开始讨论合作经营企业开业的宣传工作。）

李一民：各位，我介绍一下，这是杰克先生，我们环球家电公司的业务部经理，他将出任我们与泰康商厦合作经营企业的代表。

刘天柱：欢迎！欢迎！我是刘天柱。

杰　克：啊，刘先生，我们两个将是真正的搭档了！

刘天柱：相信我们能合作愉快！

李一民：这是钱玉婷小姐，这是曹友琴女士。

杰　克：你好！你好！

钱玉婷：曹女士是我们万通咨询公司的公关部主任，她对你们的这次公关活动，会有很好的建议。

杰　克：曹女士，你做公关工作多少年了？

曹友琴：不长，七八年吧！

钱玉婷：我们曹主任经验很丰富，她策划的公关活动都非常成功。

李一民：曹女士，看来玉婷小姐对你很佩服。

曹友琴：她的小嘴就是甜。

安　娜：嘴甜好啊，招人喜欢！

杰　克：曹女士这一次有什么设想呢？

曹友琴：首先，我们要明确这次公关活动的目的。

刘天柱：在公众面前树立我们合作经营企业的形象。

杰　克：树立起一流企业、一流商品、一流服务的形象！

曹友琴：你们的合作经营刚开始，我把你们吹上了天，你们不怕名不副实？

杰　克：你放心,我和刘先生亲密合作,会经营得很出色!

刘天柱：决不会让你挨骂,说你作虚假宣传,欺骗公众。

曹友琴：你们的经费预算是多少?

刘天柱：还没有考虑。当然是少花钱,多办事。

杰　克：不,这次公关活动一定要有轰动效应,该投入多少就投入多少。

曹友琴：那么,我可以利用一切宣传媒体,开展多种形式的活动造成一个强大声势。

杰　克：好,我很欣赏你的气魄!

曹友琴：我们可以开一个盛大的招待会,邀请政府有关部门的官员光临,也邀请中央和本市的电视台、报社记者到会。

杰　克：这是个好主意!

曹友琴：我们还应准备详尽资料,印刷精美的宣传品。

杰　克：还有呢?

曹友琴：开业第一天的促销活动也很重要,一定要精心策划。

李一民：好极了!曹女士,请你写一份详细的策划文件,以便我们和刘先生研究决定。

曹友琴：好的。

新 词 语 *New Words and Phrases*

1.	公关	gōngguān	public relations
2.	策划	cèhuà	to plan; to plot
3.	花园	huāyuán	garden
4.	别墅	biéshù	villa
5.	草坪	cǎopíng	lawn
6.	代表	dàibiǎo	representative; deputy
7.	出任	chūrèn	to take up the post of
8.	搭档	dādàng	partner

9.	愉快	yúkuài	pleasant
10.	经验	jīngyàn	experience
11.	佩服	pèifu	to admire
12.	设想	shèxiǎng	to imagine; to assume
13.	目的	mùdì	purpose; aim
14.	树立	shùlì	to set up
15.	形象	xíngxiàng	image
16.	一流	yīliú	the first class
17.	服务	fúwù	to serve; service
18.	名不副实	míngbùfùshí	the name doesn't match the reality
19.	亲密	qīnmì	very close
20.	出色	chūsè	outstanding
21.	挨骂	áimà	to be blamed
22.	虚假	xūjiǎ	false; sham
23.	欺骗	qīpiàn	to cheat; to mislead
24.	公众	gōngzhòng	the general public; masses
25.	预算	yùsuàn	budget
26.	轰动	hōngdòng	to cause a sensation
27.	效应	xiàoyìng	effect
28.	利用	lìyòng	to make use of
29.	媒体	méitǐ	media
30.	形式	xíngshì	form
31.	强大	qiángdà	strong; powerful
32.	声势	shēngshì	momentum; prestige
33.	盛大	shèngdà	grand
34.	招待会	zhāodàihuì	reception
35.	官员	guānyuán	official
36.	光临	guānglín	to be honored with one's presence
37.	印制	yìnzhì	to print
38.	精美	jīngměi	exquisite
39.	促销	cùxiāo	to promote sales
40.	精心	jīngxīn	carefully
41.	文件	wénjiàn	document
42.	研究	yánjiū	research; to study

第十七集 电视广告

（泰康商厦开业前,决定作一次电视广告。在一家电视台的广告部,杰克等一面观摩广告样片,一面同广告部主任商谈电视广告的制作、播映问题。）

（广告部办公室）

杰　克： 宁先生,我们是来请贵电视台作广告的,我想你已经知道了。

宁主任： 是的,钱小姐已经同我们联系过了。

杰　克： 我们的合作经营企业就要开业了,我们需要作一次电视广告。

宁主任： 那么,你们是要作一次通知广告啰!

杰　克： 不完全是通知广告,也是劝说广告,诱导广告。

宁主任： 我明白了,要让公众知道,更要让他们感兴趣。

杰　克： 要有强大的吸引力,让公众产生到我们商厦去购物的冲动! 你们制作的广告能达到这个效果吗?

钱玉婷： 杰克先生的意思是,他想看看你们为一些商厦制作的广告样片。

宁主任： 好的,请跟我来!

（在放映室看样片）

杰　克： 很好! 太好了! 非常出色!

宁主任： 这些广告的效果都很好,广大顾客对商厦产生了深刻印象和信任感。

杰　克： 为我们制作的广告,希望能比这些更出色。

宁主任： 那么,杰克先生有什么具体要求呢?

杰　克： 广告的创意要新,画面要美,语言要更动人!

宁主任： 你有更具体的设想吗?

杰　克： 比如画面,不能只有名人和美人。

钱玉婷： 当今世界，崇拜名人和美人，几乎到了狂热的程度。

杰　克： 但是，名人、美人有时太做作，同普通百姓有距离。

钱玉婷： 甚至让观众反感。

杰　克： 广告不应该成为展示和推销女人的场所。广告要把观众的注意力引导到企业和产品的形象上来。

宁主任： 那么，什么是最动人的语言呢？

杰　克： 商业广告战，实际上是心理战。好的广告语言，要能打动人的心，煽起顾客的购买欲。

宁主任： 就是要有强烈的煽情效果。

钱玉婷： 我买东西就常常是受了电视广告的鼓动。

杰　克： 当然，语言要高雅、得体，有文化品味！

宁主任： 不可粗俗、低下。

杰　克： 你知道，广告信息的传播方式极为重要，在很大程度上决定了广告的效果。不好的广告倒人胃口。

宁主任： 你说得对。那么，你们想制作多长时间的广告？

杰　克： 30秒吧！

宁主任： 什么时间播放？

杰　克： 当然是晚上的黄金时间。

宁主任： 请问，你们的广告预算是多少？

杰　克： 请你们考虑一个最好的广告创意和制作计划。根据这个计划，提出预算，我们会认真考虑的。

宁主任： 那好吧！

新 词 语 *New Words and Phrases*

1.	广告	guǎnggào	advertisement; to advertise
2.	开业	kāiyè	to start one's business
3.	观摩	guānmó	to inspect and learn from
4.	制作	zhìzuò	to make

5. 播映	bōyìng	to broadcast a TV program
6. 联系	liánxì	to get into touch; to contact
7. 劝说	quànshuō	to persuade
8. 诱导	yòudǎo	to guide; to induce
9. 吸引力	xīyǐnlì	appeal; attractiveness
10. 冲动	chōngdòng	impulse
11. 创意	chuàngyì	creativity; novel ideas
12. 动人	dòngrén	touching
13. 名人	míngrén	famous person; great figure
14. 崇拜	chóngbài	to worship
15. 狂热	kuángrè	crazy
16. 做作	zuòzuo	artificial; unnatural
17. 距离	jùlí	distance
18. 甚至	shènzhì	even
19. 观众	guānzhòng	audience
20. 反感	fǎngǎn	to be averse to ; to feel disgusted with
21. 展示	zhǎnshì	to display; to show
22. 推销	tuīxiāo	to promote sales
23. 场所	chǎngsuǒ	place
24. 引导	yǐndǎo	to guide
25. 心理	xīnlǐ	psychology
26. 打动	dǎdòng	to move; to appeal to
27. 煽起	shānqǐ	to whip up
28. 购买欲	gòumǎiyù	desire of purchase
29. 煽情	shānqíng	to urge
30. 鼓动	gǔdòng	to arouse; to agitate
31. 高雅	gāoyǎ	elegant
32. 得体	détǐ	appropriate
33. 品味	pǐnwèi	taste
34. 粗俗	cūsú	vulgar
35. 低下	dīxià	low
36. 传播	chuánbō	to spread over
37. 胃口	wèikǒu	appetite; liking
38. 计划	jìhuà	plan; to plan

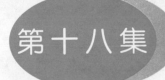 连锁经营

（在某网球场，泰康高厦合作经营企业的高层领导人在这儿度假。他们在比赛间歇，谈起了企业的发展问题。）

刘天柱：钱总，你和玉婷不休息一会儿?

钱月娟：不了。我知道你们还要谈正事，你去吧!

钱玉婷：我刚跟杰克先生学了两招，正好跟我妈练练。

杰　克：钱小姐，你是个好学生!

钱玉婷：谢谢!

（刘天柱等走向休息厅，服务员送来饮料。）

李一民：刘先生，我们的合作企业，经过几个月的运作，效益十分显著，我们公司总部非常满意。

杰　克：我们双方的合作非常融洽，我要感谢中方的同事们。

刘天柱：不用客气，我们的责任就是要创造良好的合作环境。

李一民：我想，我们可以实施第二步计划了，就是发展超市连锁经营。

刘天柱：这也是我们的想法。

安　娜：超市连锁商店，是现代零售商业的基本模式。当今世界，最大的零售业公司，都是实行连锁经营。

李一民：所以，我们也必须走连锁经营的路。

刘天柱：根据我国的《连锁店经营管理规范意见》，连锁店应该有10个以上的门店组成。

李一民：我们的计划不只建10个，而是20个，30个。

安　娜：这样，总店怎样管理各门市店，就是一个很重要的问题了。

杰　克：连锁店还有一个配送中心。对各门市店配货、送货是否及时，直接

影响连锁店的经营效益。

李一民：所以，总部、配送中心和各门市店，要实现全面的计算机网络化管理。

刘天柱：实行统一经营，统一管理，统一核算，统一进货，统一配送，统一标识和统一价格。

杰　克：这就是连锁店的优势！

安　娜：单个的零售商，由于不能实现这样的统一，采购进货、储存运输、广告宣传等等，都要独立操作，投入资金，这就必然增加商品成本。

刘天柱：所以，单个零售商难以和连锁经营公司竞争。

（钱月娟母女走进休息厅）

钱月娟：喔，你们谈得正热烈！

李一民：你来得正好，我们还有事要同你商量。

刘天柱：我们发展连锁经营，需要成套的专用设备和辅助设备。这就需要你的大力支持了。

钱月娟：这是好事嘛，我们公司有生意可做了！

安　娜：我们需要相当数量的计算机、条码扫描器、电子秤、收款机。

钱月娟：你们拿出清单来，我们可以立即供货。

钱玉婷：嘿，你们这是来休假，还是来工作？我可是又渴又饿了。

刘天柱：好，休会，吃饭去！

新词语 *New Words and Phrases*

1.	领导	lǐngdǎo	to lead; leader
2.	度假	dù jià	go vacationing
3.	间歇	jiànxiē	interval
4.	运作	yùnzuò	to operate
5.	效益	xiàoyì	benefit
6.	显著	xiǎnzhù	obvious; clear
7.	融洽	róngqià	harmonious

8.	创造	chuàngzào	to create
9.	实施	shíshī	to carry out ; to implement
10.	零售	língshòu	to retail
11.	基本	jīběn	basic
12.	模式	móshì	pattern
13.	实行	shíxíng	to practice; to carry out
14.	规范	guīfàn	standard
15.	组成	zǔchéng	to constitute; to form
16.	门市	ménshì	retail department; salesroom
17.	配送	pèisòng	to provide and deliver
18.	影响	yǐngxiǎng	to influence; to effect
19.	全面	quánmiàn	all-sided; overall
20.	统一	tǒngyī	unified
21.	核算	hésuàn	to calculate
22.	标识	biāozhì	label; mark
23.	采购	cǎigòu	to purchase
24.	储存	chǔcún	to store; storage
25.	独立	dúlì	independent
26.	操作	cāozuò	to operate; to manipulate
27.	成套	chéngtào	complete sets
28.	辅助	fǔzhù	supplementary
29.	大力	dàlì	energetic
30.	支持	zhīchí	to support; support
31.	条码	tiáomǎ	bar code
32.	扫描	sǎomiáo	to scan
33.	清单	qīngdān	detailed list
34.	供货	gōnghuò	to provide goods
35.	休假	xiūjià	on leave

第十九集　　**售后服务**

（在泰康商厦环球家电销售专柜,顾客们有的在仔细挑选商品,有的在询问售后服务问题。）

顾客甲：先生,你们送货上门吗?

售货员：送货。只要你留下地址和电话,家在市区的,当天就可以送到。

顾客甲：那太好了。

售货员：你想买什么?

顾客甲：我想买一台多媒体电脑。

售货员：您挑选好了吗?

顾客甲：我看中了一个品牌,可还下不了决心。

售货员：您放心,我们有严格的质量保证和检测制度,产品质量绝对没有问题。

（杰克来到销售专柜,慢慢地一些顾客围上来。）

售货员：啊,经理,你来了!

杰　克：小姐,我们这位售货员服务态度好吗?

顾客甲：很好,热情、周到。

杰　克：他是不是老老实实地向您介绍了商品?

顾客甲：他说,你们的产品质量绝对没有问题。

杰　克：啊,不能这么说。不过,我们会用百分之百的售后服务,补救百万分之一的产品缺陷。

顾客乙：先生,我不怀疑你们的产品质量,但是我是外行,不懂多媒体的性能,买了以后不满意怎么办?

杰　克：我非常理解。电器不是一般商品,因为不熟悉商品性能,买了以后又产生遗憾,是常有的事。

顾客丙: 就是。上万元的东西不称心,谁都会觉得窝囊。

售货员: 放心好了,我们对顾客有承诺。

顾客甲: 什么承诺?

杰　克: 不满意就退货。

顾客乙: 不问理由?

杰　克: 不问理由!

顾客乙: 你们能做到吗?

顾客甲: 现在很多商店都在讲郑重承诺,可真正兑现的却很少。

顾客丙: 都是空头支票。实际上,他们实行的是"商品售出,概不负责。"

杰　克: 这样吧,这是我的名片,不论有什么问题,你们都可以打电话。

售货员: 你们会得到经理的满意回答,我们遍布全市的维修网点,也会及时为你们提供服务。

杰　克: 啊,对不起,我还有事。陈先生(售货员),你好好接待各位先生、小姐。

(杰克走出画面,顾客也各自散去,继续挑选商品。)

顾客甲: 你们的商品保修期是多长时间?

售货员: 各种商品不一样。有保修三年、五年的,也有终身保修的。

顾客乙: 是上门维修还是送到维修站维修?

售货员: 小毛病可以上门服务。需要送维修站的,我们负责派车取货送货。

顾客甲: 要真是这样,我们就没有后顾之忧了。

新 词 语　*New Words and Phrases*

1.	专柜	zhuānguì	special counter
2.	挑选	tiāoxuǎn	to select
3.	多媒体	duōméitǐ	multi-media
4.	看中	kànzhòng	to be chosen

5.	检测	jiǎncè	to examine and test
6.	绝对	juéduì	absolute
7.	态度	tàidu	attitude
8.	热情	rèqíng	warm-hearted
9.	老实	lǎoshí	honest
10.	补救	bǔjiù	to remedy
11.	怀疑	huáiyí	to doubt; to suspect
12.	外行	wàiháng	layman
13.	称心	chènxīn	satisfactory
14.	窝囊	wōnang	to feel vexed
15.	理由	lǐyóu	reason
16.	郑重	zhèngzhòng	seriously
17.	兑现	duìxiàn	to fulfill; to honor a commitment
18.	空头	kōngtóu	dub; rubber
19.	支票	zhīpiào	cheque
20.	遍布	biànbù	to be all over
21.	维修	wéixiū	to maintain
22.	网点	wǎngdiǎn	network of commercial establishments
23.	保修	bǎoxiū	to guarantee to keep something in good repair
24.	派车	pài chē	to send a car
25.	后顾之忧	hòugùzhīyōu	fear of disturbance in the rear

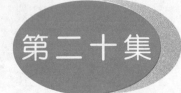

消费者投诉

（杰克在经理办公室，突然接到消费者协会电话，声称泰康商厦侵犯了消费者权益，要求赔偿。杰克立即调查事情真相，做出认真处理。）

（电话铃声）

杜清泉：喂，请问是泰康商厦经理吗？

杰　克：我是泰康商厦经理杰克。

杜清泉：杰克先生，你好！我是消费者协会的杜清泉。

杰　克：杜先生，你好！

杜清泉：我们接到一个消费者投诉，状告你们产品不合格，而且有欺诈行为。

杰　克：噢，听到这个消息，我很遗憾！你能说得详细一点吗？

杜清泉：一个星期以前，一位顾客在你们的专卖店买了一台激光影碟机。两天前再次播放，没有音像，产品与说明书也有多项不符。

杰　克：谢谢你，杜先生！我立即进行调查，保证给消费者一个满意的答复。

（刘天柱走进办公室）

杰　克：啊，刘先生，你来得正好。

刘天柱：有事？

杰　克：刚才我接到一个电话，一个消费者的投诉。

刘天柱：噢？你怎么处理呢？

杰　克：我已经派人去请投诉者，并把电器拉回来，查明原因，再做处理。

刘天柱：我们还应该从内部找找问题。

杰　克：是的。我已经打了电话，叫专卖店的值班经理立即到我这儿来。

刘天柱：如果确实是我们的责任，该道歉就要道歉，该赔偿就要赔偿。

（专卖店值班经理走进来）

杨　柳：经理,我初步查了一下,是进货渠道有问题。

杰　克：这怎么可能?我们这是专卖店,货都是直接从我们公司进的!

刘天柱：问题一定是出在个别员工身上,进了假冒伪劣产品,甚至是水货。

杰　克：水货?

杨　柳：就是走私货。

杰　克：(愤怒地)岂有此理! 这是砸自家的饭碗!

刘天柱：如果事情真是这样,这也是违法行为,我们一定要严肃处理。

杰　克：我得感谢顾客,他们的投诉,不只维护了自身的权益,也维护了我们企业的利益。

刘天柱：在我们国家,每年3月15日消费者权益日,都要开展许多活动。消费者的自我保护意识已经大大增强了。

杨　柳：消费者在权益受到侵害时,开始寻求法律保护。

杰　克：这是好事!

（电话）

秘　书：杰克先生,你请的顾客已经来了!

杰　克：好的,我就去迎接她!

新词语 *New Words and Phrases*

1.	投诉	tóusù	to complain about (of a customer)
2.	协会	xiéhuì	association
3.	侵犯	qīnfàn	to violate
4.	权益	quányì	rights and interests
5.	调查	diàochá	to investigate
6.	真相	zhēnxiàng	real facts; truth
7.	认真	rènzhēn	carefully; seriously
8.	处理	chǔlǐ	to treat; to handle
9.	欺诈	qīzhà	to cheat
10.	行为	xíngwéi	behavior

11.	激光	jīguāng	laser
12.	保证	bǎozhèng	guarantee
13.	答复	dáfù	to reply
14.	派人	pài rén	to send people
15.	值班	zhíbān	on duty
16.	道歉	dàoqiàn	to apologize
17.	初步	chūbù	preliminary; tentative
18.	渠道	qúdào	channel
19.	假冒伪劣	jiǎmào-wěiliè	fake, imitation and bad
20.	水货	shuǐhuò	smuggled goods
21.	走私	zǒusī	to smuggle
22.	岂有此理	qǐyǒucǐlǐ	absurd
23.	违法	wéifǎ	to violate the law; illegal
24.	严肃	yánsù	serious; solemn
25.	维护	wéihù	to defend
26.	利益	lìyì	benefit
27.	开展	kāizhǎn	to develop
28.	保护	bǎohù	to protect
29.	意识	yìshi	consciousness
30.	侵害	qīnhài	to encroach on
31.	寻求	xúnqiú	to seek after

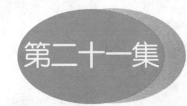

业务培训

（消费者的投诉，引起了泰康商厦高层领导的重视，他们决定开展一次全体员工的业务培训。现在，第一批学员正在上课。）

杰　克：	女士们，先生们！我们的业务培训今天正式开始。我们将请大家讨论一些问题。
学员甲：	我们商厦生意正红火，大家都很忙，有必要坐在这儿学习吗？
刘天柱：	很有必要！最近我们就接到几起消费者投诉。
杰　克：	这说明我们的管理不严，经营思想还不端正。
学员甲：	我们引进了国外企业的先进管理经验，经营管理水平已经有了很大提高。
杨　柳：	没错，外国企业管理经验，如规范化的管理模式、先进的信息管理手段，我们都已经采用了。
刘天柱：	可是，我们的问题仍然不少，这是为什么？
杨　柳：	我认为，我们还没有把外国的好东西同自己的国情.很好结合起来。
学员乙：	我们在学习国外企业管理经验的时候，不能忘了我们自己的优良传统！
杰　克：	说得好！其实，外国的经营策略中就有一条，叫"本地化"。
学员甲：	什么叫"本地化"？
杰　克：	啊，我给你们说一个笑话吧。一个日本的小孩子，很爱吃麦当劳的汉堡包。一天，小孩的爸爸妈妈带他去美国旅行，小孩一眼就发现了麦当劳快餐店，吃惊地问："美国也有麦当劳？"
	（众笑）
学员甲：	这不奇怪！许多东西小孩爱吃，但他并不知道那是哪个国家的。

杰　克：不！这是麦当劳经营的成功，他的商品已经实现了"本地化"。

刘天柱：事实上，真正受到世界各地消费者欢迎的商品，几乎都是经过了"再处理"的。

学员丙：川菜要是都做得像四川人吃的一样又辣又麻，北京人、上海人就不会吃了！

杰　克：对，这就是"本地化"。

刘天柱：所以，我们要学习外国企业管理的先进经验，更要善于吸收、消化。我们面对的顾客是我们中国人！

杰　克：我很欣赏你们的这个原则。比如中国流行"顾客就是上帝"的这个说法，我想这是我们外国人说的话。

学员乙：没错。中国人相信的是菩萨！

杨　柳：中国商家常说的"顾客至上""宾至如归"，这比"顾客就是上帝"，更能体现我们中国人的传统美德。

杰　克：嗯，"宾至如归"充满了温情博爱，应该用中国人自己的方式对待顾客。

刘天柱：怎么对待顾客，是一个重要问题。这个问题解决了，产品质量呀，诚信待客呀，售后服务呀，合法经营呀，都不难解决。

杰　克：我想，我们已经找到了问题的关键，大家好好想一想，下一次再深入讨论！

新 词 语　*New Words and Phrases*

1.	重视	zhòngshì	to attach importance to
2.	必要	bìyào	necessary
3.	端正	duānzhèng	to rectify; correct
4.	引进	yǐnjìn	to introduce
5.	手段	shǒuduàn	means; method
6.	仍然	réngrán	still
7.	结合	jiéhé	to combine

8.	优良	yōuliáng	fine; good
9.	传统	chuántǒng	tradition
10.	策略	cèlüè	tactics
11.	发现	fāxiàn	to find out
12.	奇怪	qíguài	strange
13.	善于	shànyú	to be good at
14.	吸收	xīshōu	to absorb
15.	消化	xiāohuà	to digest
16.	原则	yuánzé	principle
17.	流行	liúxíng	popular
18.	顾客至上	gùkèzhìshàng	customers first
19.	宾至如归	bīnzhìrúguī	a place where visitors feel at home
20.	体现	tǐxiàn	to give expression to
21.	美德	měidé	virtue
22.	充满	chōngmǎn	to be filled with
23.	温情	wēnqíng	tender feeling
24.	博爱	bó'ài	universal love; fraternity
25.	对待	duìdài	towards
26.	诚信	chéngxìn	sincere and faithful
27.	合法	héfǎ	legal
28.	关键	guānjiàn	key; crux

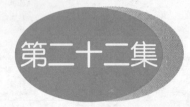

第二十二集　外汇管理

(李一民和杰克拜访中国银行官员,了解外汇管理的有关问题。)

钱玉婷：　邓主任,李先生和杰克先生想咨询一些有关外汇管理的问题。

邓之华：　欢迎,欢迎! 请坐吧!

李一民：　我们已经在中国办了一个合作企业,还将继续投资,兴办合资企业与独资企业。

杰　克：　我们十分关心投资的回收问题。

邓之华：　可以理解。

李一民：　请问,中国在外汇管理方面有什么规定呢?

邓之华：　啊,我很高兴地告诉你,从 1996 年 12 月 1 日起,中国已经接受国际货币基金组织协定第八条款。

杰　克：　中国将履行上述条款规定的义务?

邓之华：　是的。根据第八条款的规定,中国实现了人民币经常项目下的可兑换。

杰　克：　这就是说,中国取消了外汇流入流出的限制?

邓之华：　你这样说,不完全准确。目前,还只是国际间经常性交易发生的、不以资本转移为目的的外汇收支,可以自由兑换。

杰　克：　没有限制?

邓之华：　在这方面没有限制。不仅没有限制,而且不作歧视性的货币安排。

钱玉婷：　我国的外汇汇率并轨,是不是就是一个表示?

邓之华：　是的。不作歧视性货币安排,就包括不作多重汇率安排。

杰　克：　请问,中国现在实行的是什么汇率制度?

邓之华： 单一的浮动汇率制。

李一民： 这太好了,这将大大方便国际间的经常性交易。

邓之华： 是的。你们的经常性国际交易支付和转移,都可以到外汇指定银行自由兑换了。

李一民： 包括进出口贸易支付、投资的利润、股息、红利吗?

邓之华： 当然。只是必须提供有效凭证。

杰　克： 哪些有效凭证呢?

邓之华： 可以证明经常性交易真实性的文件,外商投资企业的有关凭证等。

杰　克： 请问,中国什么时候可以实现资本项目下的可兑换呢?

邓之华： 啊,还没有一个具体的时间表。但是,我们会逐渐创造条件,实现本币在资本项目下的可兑换。

钱玉婷： 我国的这种外汇制度,对外商来华投资会产生什么影响呢?

邓之华： 我国实现本币在经常项目下的可兑换,保证了外国的投资者汇出利润,这为外商来华贸易和投资,提供了更宽松的环境,创造了更有利的条件。

杰　克： 这确实是一件好事。

李一民： 谢谢你,邓先生! 今天的谈话,使我们对来华投资充满了信心。

新 词 语 *New Words and Phrases*

1.	外汇	wàihuì	foreign currency
2.	拜访	bàifǎng	to call upon; to visit
3.	兴办	xīngbàn	to initiate; to set up
4.	合资	hézī	joint venture
5.	独资	dúzī	exclusive investment
6.	货币	huòbì	currency
7.	基金	jījīn	fund

8. 组织	zǔzhī	organization
9. 协定	xiédìng	agreement
10. 项目	xiàngmù	project
11. 兑换	duìhuàn	to exchange
12. 取消	qǔxiāo	to cancel
13. 准确	zhǔnquè	exact; precise
14. 转移	zhuǎnyí	to transfer; to shift
15. 自由	zìyóu	free
16. 歧视	qíshì	to discriminate against
17. 汇率	huìlǜ	rate of exchange
18. 并轨	bìngguǐ	to unify
19. 多重	duōchóng	multi-; varied
20. 浮动	fúdòng	to float
21. 方便	fāngbiàn	convenient
22. 指定	zhǐdìng	appointed; designated
23. 股息	gǔxī	dividend
24. 红利	hónglì	bonus
25. 凭证	píngzhèng	proof
26. 真实	zhēnshí	genuine
27. 逐渐	zhújiàn	gradually
28. 宽松	kuānsōng	free from worry; comfortably off

第二十三集

反倾销案

（在中国机电商会办公室。爱克斯公司向我国永辉机电公司提出反倾销调查。永辉机电公司经理钱月娟同中国机电产品进出口商会讨论,准备积极应诉。）

钱月娟：约翰先生,贵国的爱克斯公司果然向我方提出反倾销申诉,我们正准备积极应诉,希望能得到你的帮助!

约　翰：钱女士不用客气,我是律师,做的就是法律业务嘛!

钱月娟：现在贵国的商务部已经立案,开始进行反倾销调查。

徐廷松：我们商会也已发出公告,要求各有关企业立即与我会联系。

钱玉婷：他们正在填写调查问卷。

约　翰：你们早就注意到爱克斯公司的反倾销动向,已经掌握了应诉的必要资料,所以现在完全可以从容应诉。

徐廷松：近几年来,一些外国企业对我国的出口产品,特别是大宗出口产品,频频发起反倾销起诉,每年涉及出口额数十亿美元。

钱玉婷：中国已经成为一些外国企业滥用反倾销的最大受害者。

约　翰：根据反倾销法,构成倾销,必须具有三个要素。

钱月娟：我们深信,爱克斯公司的反倾销申诉,是不能成立的。

徐廷松：我们的出口商品价格,是比较低廉,但仍是合理价格。

约　翰：进口产品的出口价格低于其正常价值的,才能被视为倾销。这个前提不存在,反倾销案就不能成立。

余大勇：可他们不肯承认这个事实。

钱月娟：他们不肯承认,中国劳动力和原材料价格低廉优势,决定了中国商品的价格优势。

徐廷松：他们更无视中国正在建设市场经济体制的事实。

约　翰：他们认为中国不是市场经济国家，是没有道理的。

钱月娟：在市场经济体制建设中，我们的产品价格，是反映了合理价值的公平价格。

约　翰：所以，我告诉外国企业家们，应该研究中国新的市场机制对价格体制的影响。

钱玉婷：他们好像没有约翰先生那么勇敢，那么聪明！

约　翰：钱小姐为什么这样说？

钱月娟：因为，他们仍然用替代国相似产品的成本作为标准，来衡量中国产品是否是倾销。

约　翰：啊，他们确实缺乏直接面对中国现实的勇气！

钱月娟：至于说指控我们出口的产品，对进口国的同类产业造成了实质损害，也是站不住脚的。

徐廷松：不仅没有实质性损害，连实质性损害的威胁也没有。

钱月娟：我们已经充分调查，他们根本没有证据，可以证明相关产业的损害与我们的出口产品存在因果关系。

约　翰：这一点尤其重要。这个指控不成立，对价格和对同类产业造成损害的指控，也都不能成立了。

徐廷松：所以，我们有胜诉的把握。当然，还要看你这位代理律师的工作了。

约　翰：请放心，我会竭尽全力的！

新 词 语　*New Words and Phrases*

1.	倾销	qīngxiāo	to dump
2.	积极	jījí	actively
3.	应诉	yìngsù	to be ready for self-defense in a lawsuit
4.	果然	guǒrán	sure enough
5.	申诉	shēnsù	to appeal to
6.	律师	lǜshī	lawyer
7.	立案	lì'àn	to place a case on file for investigation

and prosecution

8.	公告	gōnggào	public notice; proclamation
9.	填写	tiánxiě	to fill in
10.	问卷	wènjuàn	questionnaire
11.	动向	dòngxiàng	trend; tendency
12.	掌握	zhǎngwò	to grasp; to know well
13.	从容	cóngróng	calm; unhurried
14.	大宗	dàzōng	large quantity
15.	频频	pínpín	frequently
16.	发起	fāqǐ	to start
17.	起诉	qǐsù	to sue
18.	滥用	lànyòng	to abuse; to misuse
19.	受害	shòuhài	to suffer
20.	构成	gòuchéng	to constitute
21.	要素	yàosù	essential factor
22.	前提	qiántí	prerequisite
23.	成立	chénglì	to establish; to hold water
24.	承认	chéngrèn	to admit
25.	体制	tǐzhì	system
26.	反映	fǎnyìng	to reflect
27.	机制	jīzhì	mechanism
28.	勇敢	yǒnggǎn	brave
29.	替代	tìdài	to substitute
30.	标准	biāozhǔn	standard
31.	衡量	héngliáng	to weigh; to judge
32.	缺乏	quēfá	to be short of ; to lack
33.	勇气	yǒngqì	courage
34.	指控	zhǐkòng	to accuse
35.	造成	zàochéng	to cause
36.	实质	shízhì	substance; essence
37.	损害	sǔnhài	to harm; to impair
38.	威胁	wēixié	to threaten
39.	证明	zhèngmíng	proof; to prove
40.	胜诉	shèngsù	to win a lawsuit
41.	竭尽全力	jiéjìnquánlì	to do one's utmost

申办代表处

（李一民到万通咨询公司，拜访曹友琴，咨询申办在华代表机构事宜。）

钱玉婷： （电话）喂!

钱月娟： 是玉婷吗?

钱玉婷： 妈，你怎么来电话?有事?

钱月娟： 你几天没回家了?连电话也不打一个!

钱玉婷： 我这几天很忙，呆会儿李先生还要来呢!

钱月娟： 你天天跟他在一起，快成了他的私人秘书了?

钱玉婷： 怎么?你怕我爱上他，跟他跑了?

（苏珊和李一民走进来）

苏　珊： 玉婷，你爱上谁了?

钱玉婷： 噢，妈，李先生来了，我挂电话了!（对苏珊、李一民）你们好!请跟我来!

（曹友琴办公室）

曹友琴： 啊，李先生，苏珊小姐，我们又见面了!

李一民： 我们要申请在华常驻代表机构，又来麻烦你们了!

曹友琴： 快别这么说。我们可以为你们代办申报手续。

苏　珊： 我们自己不能办理吗?

曹友琴： 根据规定，必须委托一家承办单位。

钱玉婷： 而且是经过有关部门批准、授权的单位。

李一民： 那么，我们应该做什么呢?

曹友琴： 你们应该提供完备真实的申请材料。

苏　珊：都要什么材料?

曹友琴：首先是由企业董事长或总经理签署的申请书。

钱玉婷：申请书内容主要包括企业简况,设立常驻机构的目的、业务范围等等。

曹友琴：还要有首席代表和代表的委任书。

苏　珊：不言而喻,也要首席代表、代表的简历和身份证件。

曹友琴：苏珊小姐很有经验!

苏　珊：啊,我没有这方面的经验,但我很聪明!

（众笑）

李一民：还需要别的文件吗?

曹友琴：审批机关认为有必要提供的其他申报材料,你们也必须提供。

苏　珊：啊,我会准备好一切材料的!

李一民：我们的申请什么时候才能批下来?

曹友琴：审批机关将在30个工作日内作出批准或不予批准的决定。

李一民：好,谢谢你,曹女士,我想我们该告辞了!

曹友琴：在你们的申请获得批准后,请你们的首席代表亲自去审批机关领取批准证书。

李一民：好的。

曹友琴：在批准之日起的30天内,还必须持批准证书去工商管理局办理登记手续。

苏　珊：超过了期限呢?

钱玉婷：逾期不办理登记手续,批准证书就自行失效了。

苏　珊：啊,这个后果太严重了,我们可不敢马虎!

新 词 语 *New Words and Phrases*

1.	申办	shēnbàn	to apply for the establishment or holding of
2.	代表处	dàibiǎochù	deputy office
3.	私人	sīrén	private; personal
4.	驻	zhù	to station

5.	承办	chéngbàn	to undertake
6.	批准	pīzhǔn	to prove
7.	授权	shòuquán	to authorize
8.	完备	wánbèi	complete; perfect
9.	材料	cáiliào	material
10.	签署	qiānshǔ	to sign
11.	申请书	shēnqǐngshū	application
12.	内容	nèiróng	content
13.	简况	jiǎnkuàng	brief information
14.	设立	shèlì	to establish
15.	不言而喻	bùyán'éryù	self-evident; it goes without saying
16.	首席	shǒuxí	chief
17.	委任	wěirèn	to appoint
18.	简历	jiǎnlì	curriculum vitae
19.	身份	shēnfen	status; capacity
20.	证件	zhèngjiàn	papers; certificate
21.	审批	shěnpī	to examine and approve
22.	一切	yíqiè	all; everything
23.	亲自	qīnzì	personal
24.	领取	lǐngqǔ	to get; to draw
25.	登记	dēngjì	to register
26.	逾期	yúqī	to be overdue; to exceed the time limit
27.	自行	zìxíng	by oneself
28.	失效	shīxiào	to become invalid
29.	严重	yánzhòng	serious

市场调研

（李一民等人到市内各大商场，进行现场市场调查，了解各种电器的销售情况。）

李一民：	苏珊小姐，我们这次市场调查很重要。
苏　珊：	我知道。市场调研是企业经营决策的出发点嘛！
李一民：	也是重要依据。
苏　珊：	公司要进一步在中国投资，就必须选准投资方向。
李一民：	这正是我们首先要解决的问题。

（李一民和苏珊，走进商厦家电部。）

苏　珊：	嗬，生意好红火！
李一民：	中国的市场确实吸引人啊！
苏　珊：	是啊，哪一个商人见了这种情景能不动心呢？
李一民：	走，我们先去看看，经营的都是什么品牌的商品。

（在另一家大商场的家电部，杰克和钱玉婷也在进行现场调查。）

钱玉婷：	小姐，这些都是你们刚买的？
小　姐：	是。
钱玉婷：	嗬，一整套音像设备，是准备结婚用的吧？
青　年：	是。
杰　克：	小姐，先生，祝贺你们！
小姐、青年：	谢谢！
杰　克：	请问，这些都是你们心目中的理想品牌吗？
青　年：	是的。
杰　克：	可我看，都是中国产品。

青　年：没错，但都是中国名牌。

小　姐：这些名牌产品大部分出口了，在国内市场成了抢手货，还不好买呢！

钱玉婷：你们买这些品牌的商品，是看了广告，还是受了别人的影响？

青　年：主要是看了广告。

小　姐：我们从广告上知道，在售后跟踪调查中，这些家用电器的各项指标都名列前茅。

钱玉婷：(拿出一张表)那么，你们能为我们填写一份市场调查问卷吗？

青　年：可以。

(镜头回到李一民和苏珊，他们正在同销售部负责人谈话。)

李一民：请问，家用电器现在的销售情况怎么样？

负责人：你们已经看到了，购销两旺！

李一民：可以说得具体一点吗？

负责人：现在，对我国家电产品的需求，国内外市场呈现稳步攀升的趋势，估计年销售额增长率将超过10%。

苏　珊：啊，这是一个很有诱惑力的数字！

新 词 语　*New Words and Phrases*

1.	调研	diàoyán	to investigate and research
2.	现场	xiànchǎng	on the spot
3.	重要	zhòngyào	important
4.	决策	juécè	to make policy; policy decision
5.	出发	chūfā	to start from; to set off
6.	依据	yījù	on the basis; ground
7.	方向	fāngxiàng	direction
8.	解决	jiějué	to solve

74

9.	情景	qíngjǐng	scene; sight
10.	动心	dòngxīn	touching; moving
11.	结婚	jiéhūn	to marry; marriage
12.	心目	xīnmù	mind; mental view
13.	部分	bùfen	part
14.	抢手	qiǎngshǒu	in great demand
15.	跟踪	gēnzōng	to spy on; to follow the tracks of
16.	指标	zhǐbiāo	index; quota
17.	名列前茅	mínglièqiánmáo	to be placed first in the name list
18.	购销两旺	gòuxiāo-liǎngwàng	brisk buying and selling
19.	呈现	chéngxiàn	to appear
20.	稳步	wěnbù	steady
21.	攀升	pānshēng	to go up; to climb up
22.	趋势	qūshì	tendency
23.	估计	gūjì	to estimate
24.	超过	chāoguò	to surpass; to go beyond
25.	诱惑	yòuhuò	to seduce; to allure
26.	数字	shùzì	figure; numeral

第二十六集　　　　　家庭访问

（李一民到一个普通市民家庭访问，二十多年前，他曾经住过那样的四合院，一切都是那样熟悉，可又是那样陌生。）

（四合院里，陈荣祖一家大小正坐在藤萝架下喝茶聊天，小孙女、孙子在院里嬉戏）

钱玉婷：　大伯，大娘，客人来了！

陈荣祖：　（站起来）啊，欢迎！欢迎！

钱玉婷：　大伯，这就是李先生！

李一民：　陈先生，您好！

陈荣祖：　李先生，您好！啊，这是我的老伴，这是我的两个女儿，这两个是我家姑爷。

安　娜：　这两个是您的外孙啰，多可爱！

李一民：　你二老好福气！这小四合院多好！

大女婿：　李先生也是北京人？

李一民：　是的。北京的变化很大，没想到，小胡同和四合院，保护得这么好，还跟以前一模一样！

小女儿：　站在院里看，跟从前差不多，屋子里可就大变样了！

老　伴：　女儿和姑爷把屋里折腾得像大宾馆一样，弄得我好一阵子不习惯。

小女儿：　现在谁家的房子不装修？

陈荣祖：　我倒同意孩子们的观念，现代人就该过现代化的生活嘛！

老　伴：　有了照相机，又要买什么摄像机；有了录音机，又要买什么 VCD。

小女儿：　哈，哈，哈，老妈也会说洋文，V…C…D。

老　伴：　你们天天挂在嘴边上，我能不会说吗？

李一民：　这是一件好事！

陈荣祖： 是啊,过去谁敢想啊!现在解决了温饱,奔小康,该享受享受现代
生活的幸福了!

小女婿： 唉,老爸这就对喽!人要会挣钱,也要会花钱嘛!

老　伴： 会花钱算啥本事?吃,喝,玩,乐,浪费,摆阔!

安　娜： 大娘,消费可以刺激生产。

钱玉婷： 可以加速生产资料转化成为有使用价值的商品。

老　伴： 你们说的这个道理我不懂。

大女儿： 这有什么难懂的?你不吃,生产粮食干什么?你不穿,生产棉花干
什么?你要不买 VCD,工厂还不关门?

陈荣祖： 其实,我老伴的消费观也在变,姑爷买回大屏幕彩色电视,把原来
那台 14 寸的淘汰了,她也不心疼。

小女儿： (学样)还直说,"现代化的东西就是好啊!"

（众笑）

大女婿： 现在,我们国家经济发展了,人们的消费观念也变了,各种家用电
器都已经进入到中国人的普通家庭了。

老　伴： 外国人有的,中国人也有了。

大女儿： 老妈,我们还远不如国外那么普及!

小女婿： 什么电子消毒箱、空气净化器,听起来还觉得挺新鲜呢!

小女儿： 消费观念也还落后。我要是说向银行贷款买房子、买汽车,我老妈
还不吓一个跟头?

陈荣祖： 可别这么小看你妈,说不定那天也会变!

（众笑）

新 词 语　*New Words and Phrases*

1. 普通	pǔtōng	common; ordinary
2. 陌生	mòshēng	strange
3. 藤萝	téngluó	Chinese wisteria
4. 嬉戏	xīxì	to play

5.	姑爷	gūye	son-in-law
6.	外孙	wàisūn	grandson; daughter's son
7.	可爱	kě'ài	lovely; lovable
8.	福气	fúqi	good fortune; a happy lot
9.	胡同	hútòng	lane
10.	一模一样	yìmúyíyàng	exactly the same
11.	从前	cóngqián	in the past
12.	折腾	zhēteng	to do something about
13.	装修	zhuāngxiū	to decorate
14.	观念	guānniàn	idea; concept
15.	温饱	wēnbǎo	adequate food and clothing
16.	奔	bèn	to head for
17.	小康	xiǎokāng	comfortably off
18.	享受	xiǎngshòu	to enjoy
19.	本事	běnshi	ability; capability
20.	浪费	làngfèi	to waste
21.	摆阔	bǎikuò	to be ostentatious and extravagant
22.	刺激	cìjī	to stimulate; to irritate
23.	加速	jiāsù	to speed up
24.	转化	zhuǎnhuà	to transform
25.	成为	chéngwéi	to become
26.	使用	shǐyòng	to use
27.	价值	jiàzhí	value
28.	棉花	miánhua	cotton
29.	淘汰	táotài	to eliminate; to die out
30.	心疼	xīnténg	to feel sorry; to love dearly
31.	消毒	xiāodú	to disinfect; to sterilize
32.	净化	jìnghuà	to purify
33.	落后	luòhòu	backward; lag behind

市场定位

第二十七集

(在环球公司驻华办事处,李一民同职员们分析市场调查结果,研究产品和市场定位,以便作出在华投资方向的抉择。)

苏　珊：　(打电话)李先生,钱小姐已经到了。

李一民：　好,我们立即开会。

钱玉婷：　今天是你们公司开会,要我来干什么?

苏　珊：　你是李先生的特邀佳宾!

钱玉婷：　我算什么特邀佳宾?名义上是你们的翻译,其实,充其量是个向导。

苏　珊：　李先生可没把你当作向导。

(会议室)

李一民：　女士们,先生们,最近我们采取了多种形式进行市场调查。今天,我们分析调查得来的情况,研究产品和市场定位问题。

杰　克：　钱小姐也同我们一起去调查了,一定会有很好的建议。

钱玉婷：　你们谈市场定位问题,我可是门外汉!

李一民：　夏小姐,市场调查问卷分析结果怎么样?

夏小姐：　我们发出了3万份市场调查问卷,收回了2万8千多张。分析结果说明,中国国产家电名牌产品占有绝对优势。

李一民：　那么,中国国产名牌的优势是什么呢?

夏小姐：　在功能实用性、性能价格比方面,有明显优势。

杰　克：　看来,市场竞争非常激烈,留给我们的市场并不多。

钱玉婷：　不过,我觉得,中国的潜在市场很大。

李一民：　(兴奋地)嗯,钱小姐,请你详细说说你的看法。

钱玉婷：　从总体来看,中国人的消费水平还比较低。

夏小姐：	因为中国人的平均收入还不高。
钱玉婷：	尤其是占全国人口80%以上的农村，不用说，消费水平就更低了。中国存在广大的农村市场。
夏小姐：	现在，这个市场还开发得很不够。
钱玉婷：	中国经济在高速发展，农村市场的前景不可估量！
李一民：	说得好！这就要看我们有没有开拓市场、创造市场的能力了！
苏 珊：	我们应该抢占已经存在的市场，也要创造新的消费者，创造新的农村市场。
李一民：	好，这是一个了不起的计划！
杰 克：	电子产业，已经从模拟信息，进入数字化时代，我们公司在这方面处于领先地位，我们应该有信心。
苏 珊：	我们不只是要向中国输出产品。
李一民：	对，我们要在中国投资建厂，建立生产基地，依靠我们的经济实力、先进技术和知名品牌，扩大我们在中国市场的份额。
钱玉婷：	不过，你们不仅要与你们的外国同行竞争，也会受到中国同行的有力挑战。
李一民：	这很正常。杰克先生，这就要看我们能不能制定出一个好的在华投资方案了。
杰 克：	没问题！

新 词 语 *New Words and Phrases*

1.	定位	dìngwèi	fixed position
2.	分析	fēnxī	to analyze; analysis
3.	结果	jiéguǒ	result
4.	以便	yǐbiàn	so as to
5.	抉择	juézé	to choose
6.	特邀	tèyāo	specially invite
7.	佳宾	jiābīn	honored guest

8.	名义	míngyì	name
9.	充其量	chōngqíliàng	at most; at best
10.	向导	xiàngdǎo	guide
11.	门外汉	ménwàihàn	layman
12.	功能	gōngnéng	function
13.	实用	shíyòng	practical
14.	明显	míngxiǎn	evident; obvious
15.	潜在	qiánzài	hidden; potential
16.	总体	zǒngtǐ	overall; total
17.	抢占	qiǎngzhàn	to seize; unlawfully occupy
18.	存在	cúnzài	to exist
19.	了不起	liǎobuqǐ	great; terrific
20.	模拟	mónǐ	to mock; to imitate
21.	基地	jīdì	base
22.	依靠	yīkào	to rely on
23.	实力	shílì	strength
24.	份额	fèn'é	share; portion
25.	挑战	tiǎozhàn	to challenge
26.	制定	zhìdìng	to work out
27.	方案	fāng'àn	scheme; plan

 参加文化节

（李一民住地,钱玉婷兴冲冲地拿了几张光盘和一些资料来）

钱玉婷: 大家好! 快来看,我给你们带来了什么。

（钱玉婷一边玩着一边往VCD机里放上了光盘。电视画面出现了文化节的场面）

安　娜: 啊,好热闹! 这是什么活动?

钱玉婷: 这是丰州科技文化节。

杰　克: 哦,我早就听说,这几年,中国有各种各样的文化节。

钱玉婷: 文化搭台,经济唱戏,这是一种很特殊的节日。

杰　克: 什么叫文化搭台、经济唱戏?

李一民: 我想,这只是一种比喻。唱戏总得有一个地方,这个地方吸引人,戏也就唱起来了。

钱玉婷: 李先生讲得很对。各地兴办文化节,就是用有地方特色的民俗文化招徕八方客商,开展经济贸易活动。

杰　克: 哦,原来是这样!

李一民: 在文化节,我们既可以观赏地方民俗文化,又可以做生意。

安　娜: 唉,快看!

李一民: 这是耍狮子,这是走旱船。

钱玉婷: 这是扭秧歌。

杰　克: 啊,真有意思! 钱小姐,我有一个问题。

钱玉婷: 你问我会不会扭秧歌?看,我给你露两手。（扭起来,众笑）

杰　克: 你还真有两下子。不过,我是想问,各地的文化节都是这样吗?

钱玉婷： 当然不一样。文化节最重要的是要有特色。

杰　克： 什么特色?

钱玉婷： 各个地方独特的民俗文化,各地的名优土特产品。

李一民： 我想,最重要的是,各地的文化节都应该具有自己的产品和项目优势。

钱玉婷： 你说得对。像江苏的丝绸文化节,江西的陶瓷文化节,山东曲阜的孔子国际文化节,不仅有优秀的地方文化,而且有驰名国内外的地方名优产品。

李一民： 把这些产品展示在一个大型文化节上,比做电视广告,影响恐怕还大。

钱玉婷： 在文化节上,可以直接看样订货,可以参加项目洽谈;双方可以现货交易,也可以做期货买卖。

安　娜： 这么做生意,不用打电话、发电传,也省去了信函往来的麻烦和时间,真是又方便又快捷。

钱玉婷： 所以许多文化节,成交额都超过了10亿美元。

杰　克： 看来,文化节确实是活跃地方经济的好形式。

钱玉婷： 是啊,在文化节上也会为招商引资活动开辟出专门的地方,那儿设有商品陈列区,项目洽谈室等。

安　娜： 老板,我们是不是也去参加文化节,去寻找一些适合我们的项目?

李一民： 好啊。玉婷,你能帮我们安排一下吗?

钱玉婷： 当然,没问题!

新 词 语　*New Words and Phrases*

1.	参加	cānjiā	to participate; to take part in
2.	风景	fēngjǐng	scenery
3.	湖畔	húpàn	lakeside
4.	非凡	fēifán	outstanding; uncommon
5.	云集	yúnjí	to gather
6.	兴致勃勃	xìngzhìbóbó	in high spirits

7.	民俗	mínsú	folk custom
8.	活动	huódòng	activity
9.	招商	zhāoshāng	to invite outside investment
10.	引资	yǐnzī	to draw capital
11.	搭台	dātái	to put up a stage
12.	唱戏	chàngxì	to perform; to sing and act in an opera
13.	比喻	bǐyù	metaphor; figure of speech
14.	招徕	zhāolái	to solicit
15.	观赏	guānshǎng	to watch and enjoy
16.	旱船	hànchuán	land boat (a Chinese folk dance)
17.	秧歌	yāngge	*yangge* (a Chinese folk dance)
18.	露	lòu	to show; to display
19.	丝绸	sīchóu	silk in general
20.	陶瓷	táocí	pottery
21.	驰名	chímíng	famous
22.	现货	xiànhuò	spots
23.	期货	qīhuò	futures
24.	电传	diànchuán	telex
25.	信函	xìnhán	letters
26.	快捷	kuàijié	quick
27.	活跃	huóyuè	brisk; dynamic; to enliven
28.	适合	shìhé	suitable

考察开发区

第二十九集

(燕南市开发区已初见规模,平坦的大道上奔驰着各种车辆,漂亮的厂房传出机器的轰鸣声,一些地方还在紧张施工。众多的中外客商在开发区负责人的带领下,到各处参观。)

朱小桃: 女士们,先生们,我们一边参观,一边谈吧!请各位上车!

李一民: 朱女士,刚才你介绍的经济特区和开发区情况,使我很兴奋。

朱小桃: 来考察过的外国朋友都这样说。

杰 克: 看得出,开发区的硬件设施很理想。不过,我们更关心软件设施。

朱小桃: 先生还有什么问题吗?

杰 克: 您刚才说,中国的经济特区和开发区,是对外开放的窗口,是建设市场经济的试验田。

朱小桃: 是的。这话不对吗?

杰 克: "窗口""试验田",对我们外国商人有什么好处呢?

朱小桃: 经济特区和开发区的成功,对全国的改革开放有示范作用,也让世界看到了中国。

钱玉婷: 外商也就看到了发展机遇,看到了在华经营投资的成功希望。

苏 珊: 杰克先生,看来,你对中国人的说话方式还不大习惯。"窗口"和"试验田",只是一种比喻。

杰 克: (摇头)中国人说话太含蓄了!

　　　　 (众笑)

朱小桃: 现在请各位下车!这儿,几十家外国企业已经建厂、投产。

杰 克: 都是什么企业?

朱小桃: 机械、电子、通讯、化纤、汽车零部件等高新技术产业。

山口武夫: 只有大企业才会拥有高新技术,他们肯来这儿投资吗?

让·保罗： 哦?这么说,先生的企业一定是一个很小的企业啰?

山口武夫： 喔,不,不,我们是一个很大的电子集团。

朱小桃： 这不,您不也来了吗?

山口武夫： 是,是。

（众笑）

朱小桃： 事实上,经济特区和开发区有理想的投资环境,有许多优惠政策,世界上排名在前的 500 家著名企业,已经有 50 多家在这儿落户。

让·保罗： 他们经营得怎么样呢?

朱小桃： 非常好! 他们已经得到很高的投资回报。

钱玉婷： 许多大型跨国公司,已经多次追加在华投资。他们已经从试探性投资进入规模投资阶段。

让·保罗： 啊,这是一个很大的转变。走,我们进去,跟经理们谈谈!

（分别走进几座厂房）

新 词 语　New Words and Phrases

1.	考察	kǎochá	to inspect
2.	开发区	kāifāqū	developing zone
3.	规模	guīmó	scale
4.	平坦	píngtǎn	flat
5.	奔驰	bēnchí	to run quickly; to speed on
6.	车辆	chēliàng	vehicles
7.	厂房	chǎngfáng	factory building
8.	机器	jīqì	machine
9.	紧张	jǐnzhāng	tense
10.	施工	shīgōng	under construction
11.	带领	dàilǐng	to take the lead
12.	经济特区	jīngjìtèqū	special economic zone
13.	兴奋	xīngfèn	exciting; excitement

14.	试验	shìyàn	to experiment
15.	示范	shìfàn	to set an example; to demonstrate
16.	含蓄	hánxù	implicit; veiled
17.	机械	jīxiè	machinery
18.	通讯	tōngxùn	communication
19.	化纤	huàxiān	chemical fibre
20.	零部件	língbùjiàn	spare parts
21.	拥有	yōngyǒu	to possess
22.	落户	luòhù	to settle down
23.	回报	huíbào	to repay
24.	追加	zhuījiā	to add to
25.	试探	shìtàn	to probe; to feel out
26.	转变	zhuǎnbiàn	to change

第三十集　竞价拍卖

（在燕南市开发区一栋大楼前，众多中外客商都在看一张拍卖公告，有人已经得到公告的印刷品。人们议论纷纷。）

山口武夫：	李先生，贵公司有意参加这次拍卖竞价吗？
李一民：	是的。我们正在筹建一家在华独资企业，这里有两栋标准厂房拍卖，正好是我们急需的。
让·保罗：	听说，中国已经实施企业破产法，有些破产企业已公开拍卖。
钱玉婷：	破产法的实施，有利于中国产业结构的调整。
李一民：	我也听说了，但那不适合我们。
让·保罗：	为什么？
杰　克：	拍卖标的物是整座工厂，包括所属单位及其职工。
安　娜：	（作背包状）这个包袱太大了，我们背不动！
李一民：	再说，这里的投资环境好，各种法规完善，能够有效保护我们的合法权益。
山口武夫：	那么，你们已经仔细看过拍卖公告了？
杰　克：	（指着手中的印刷品）他们采取增价拍卖方式，很规范，符合国际惯例。
安　娜：	保罗先生，你们参加竞价吗？
让·保罗：	当然。
安　娜：	你不是对破产企业感兴趣吗？
让·保罗：	我都感兴趣。
山口武夫：	嗬，贵公司胃口不小！
让·保罗：	你的胃口不比我大？

杰　　克：	看来,各位都不会放弃这次机会,只是竞价增幅不要太大,竞出天价,倒霉的可就是我们了。
山口武夫：	这也难免,拍卖嘛,本来就是一种实力竞争。
让·保罗：	你们准备什么时候来办理竞买手续?
李一民：	过几天吧。
山口武夫：	在拍卖开槌的前一天,必须交纳保证金,否则不准参加竞买。
让·保罗：	怎么,你对预付保证金有顾虑?
钱玉婷：	山口先生放心,公告上说得很清楚,中买者,保证金计入成交价;未中买者,会后当即退还。
杰　　克：	山口先生是担心竞价失败吧?
	(众笑)
安　　娜：	现在离拍卖日期还有10多天,届时,我们会带来保证金,还会带来定金。
让·保罗：	李先生,你有一个很得力的助手!
李一民：	你可别夸她,不然,我又得给她长工资了!
安　　娜：	不长工资,我就跳槽!
李一民：	保罗先生,你看,是不是?
	(众笑)
山口武夫：	公告说,我们可以去查验拍卖标的物。现在,我们大家何不一起去看看?
李一民：	这个建议好,走!

新 词 语　*New Words and Phrases*

1.	竞价	jìngjià	competitive price
2.	拍卖	pāimài	auction
3.	议论	yìlùn	to talk; to discuss
4.	纷纷	fēnfēn	one after another

5.	有意	yǒuyì	to be inclined to ; intentionally
6.	筹建	chóujiàn	to plan to build
7.	破产	pòchǎn	to go bankrupt
8.	公开	gōngkāi	to open
9.	产业	chǎnyè	industry
10.	结构	jiégòu	structure
11.	所属	suǒshǔ	to belong to
12.	包袱	bāofu	burden; load
13.	法规	fǎguī	laws and regulations
14.	增幅	zēngfú	extent of increase
15.	竞买	jìngmǎi	to compete in purchasing
16.	开槌	kāichuí	to begin auction
17.	预付	yùfù	to pay in advance
18.	顾虑	gùlǜ	to worry
19.	计入	jìrù	to include; to put into
20.	退还	tuìhuán	to return
21.	失败	shībài	to fail; failure
22.	届时	jièshí	when the time comes
23.	得力	délì	competent; capable
24.	助手	zhùshǒu	assistant
25.	夸	kuā	to praise
26.	工资	gōngzī	salaries; wages
27.	跳槽	tiàocáo	to leave one job and take on another

第三十一集　考察乡镇企业

（李一民到南水乡考察乡镇企业。他受到南水乡贸易公司经理周盼弟的热情接待。李一民了解到农村的巨大变化，也对在乡镇企业投资产生了兴趣。）

（汽车在乡间道路上缓缓行驶。李一民等一边观看窗外秀丽景色，一边同周盼弟交谈。）

苏　珊：周女士，这两边都是你们村的？

周盼弟：是啊。小姐是第一次来中国农村吧？

苏　珊：是，真美！

李一民：这是江南水乡嘛，你没听说过……

苏　珊：啊，"上有天堂，下有苏杭"！

钱玉婷：安娜到底是在中国留过学的。

杰　克：什么叫"上有天堂，下有苏杭"？

苏　珊：就是中国的苏州、杭州一带，就像天堂一样美。

杰　克：（又一次认真地看看窗外）啊，比天堂还美！

周盼弟：以前，这儿只有土路、破烂房子。近十几年，农村面貌才发生了根本变化。

杰　克：真的？怎么会有这么大的变化呢？

周盼弟：靠改革开放，靠走农工贸结合的道路。

杰　克：我还是不明白。

周盼弟：啊，到了，请下车吧！各位看了我们的乡镇企业，就明白了。

（车从一家乡镇企业的大门驶进大院，大家下车，走进车间。）

李一民：周经理，坦率地说，我非常吃惊，谁能相信，这是一家乡镇企业！

周盼弟：是的。我们确实创造了奇迹！

杰　克：可是，什么是乡镇企业呢？是大工业集团在乡村开办企业吗？

（众笑）

苏　珊：杰克先生，你又出洋相了。照你这么说，在我们国家不是到处都有乡镇企业了？

钱玉婷：乡镇企业，是中国农民自己办的工业企业。

周盼弟：我们乡下人过去只种地，不懂做生意，更不懂开工厂。

钱玉婷：改革开放后，农民才有了商品意识。

周盼弟：开始，我们有人到城里去打工，有人就在乡下办起了小工厂。

杰　克：可是，小工厂怎么同大型企业集团竞争呢？

周盼弟：俗话说，船小好掉头。开始，我们是靠小而活的优势。

李一民：你是说，根据市场的需求变化，乡镇企业可以灵活调整产品结构？

周盼弟：是这样。市场缺什么，我们就生产什么。

苏　珊：灵活的市场应变能力，也是一种优势。

周盼弟：当然，我们还有廉价劳动力。

杰　克：看得出来，你们很好地发挥了自己的优势。

李一民：那么，你们对未来有什么打算呢？

周盼弟：啊，我们到办公室继续谈吧！

新 词 语　*New Words and Phrases*

1.	乡镇	xiāngzhèn	village and township
2.	农村	nóngcūn	countryside
3.	巨大	jùdà	great
4.	变化	biànhuà	change
5.	道路	dàolù	road
6.	缓缓	huǎnhuǎn	slowly; unhurried
7.	行驶	xíngshǐ	to go(of a vehicle); to drive
8.	秀丽	xiùlì	beautiful
9.	景色	jǐngsè	scenery

10.	天堂	tiāntáng	paradise
11.	破烂	pòlàn	run-down; broken; ragged
12.	面貌	miànmào	face; looks
13.	发生	fāshēng	to happen; to take place
14.	根本	gēnběn	fundamental; totally
15.	改革	gǎigé	reform
16.	开放	kāifàng	open to the outside
17.	坦率	tǎnshuài	frank
18.	奇迹	qíjì	miracle; wonder
19.	出洋相	chūyángxiàng	to make an exhibition of oneself
20.	打工	dǎgōng	to do a part-time job
21.	掉头	diàotóu	to back; to turn back
22.	应变	yìngbiàn	to meet an emergency
23.	廉价	liánjià	cheap
24.	发挥	fāhuī	to bring into play
25.	未来	wèilái	futrue

投资机会

（在南水乡贸易公司的办公室，李一民等与周盼弟继续交谈，双方达成了合资办企业的意向。）

周盼弟： 各位请坐吧。哦，我介绍一下，这是我们的财务部经理温小妹女士。

温小妹： 欢迎各位光临!

（互相握手自我介绍）

周盼弟： 刚才李先生问，我们对未来有什么打算。

李一民： 是的。我参观了你们的乡镇企业，很感兴趣。我想，我寻找到了一个新的发展机会。

苏　珊： 老板的意思是……

李一民： 我想知道，我们同周女士的企业，有没有合作的可能。

周盼弟： 啊，李先生有这个意向，我们很高兴。老实说，我们现在也正在寻找合作伙伴。

苏　珊： 噢?这真叫来得早，不如来得巧。老板，你看我们来得多是时候!

温小妹： 苏珊小姐的汉语说得真好!

苏　珊： （不无得意地）过奖了!

（众笑）

周盼弟： 目前，我国许多乡镇企业资金筹措能力强大，市场定位构思活跃，产销两旺保持强劲势头。

温小妹： 市场竞争十分激烈，我们不能不产生强烈的紧迫感和危机感。

李一民： 这不可怕，强烈的危机意识是企业发展的巨大动力。

周盼弟： 所以，我们必须让企业跃上一个新台阶。

杰　克： 什么样的台阶?

温小妹： 我们工厂的设备陈旧,管理落后,产品科技含量低。

周盼弟： 我们要加速企业技术改造,尽快形成规模经济,成为现代化的大型企业。

温小妹： 这需要大量资金、先进的科学技术和现代企业的管理经验。

钱玉婷： 在这些方面,李先生的公司应该是有优势的。

李一民： 我们可以建立一家合资企业。

周盼弟： 我们很欢迎!

钱玉婷： 这样可以充分发挥你们双方的优势。

温小妹： 我们已经培育起稳定的国内市场,畅通的营销网络。

杰　克： 我们可以提供必要的资金、设备和技术。

苏　珊： 还可以借助我们的销售渠道,把企业的产品打入国际市场。

周盼弟： 看来,我们双方都有合作意向,我们可以进入实质性谈判。

李一民： 我同意。

周盼弟： 我想,首先要讨论的是投资总额和比例,生产规模和预期效益。

杰　克： 风险承担和利益分配,也是重要问题。

李一民： 希望在这些关键问题上,我们能达成一致意见。

周盼弟： 我们双方共同努力吧!

新 词 语　*New Words and Phrases*

1.	机会	jīhuì	opportunity
2.	财务	cáiwù	finance
3.	可能	kěnéng	possible; maybe
4.	过奖	guòjiǎng	to overpraise
5.	筹措	chóucuò	to raise (a fund)
6.	构思	gòusī	idea; concept
7.	强劲	qiángjìng	powerful
8.	势头	shìtóu	momentum
9.	强烈	qiángliè	strong

10.	紧迫感	jǐnpògǎn	a feeling of urgency
11.	危机感	wēijīgǎn	a feeling of crisis
12.	动力	dònglì	motive power
13.	跃上	yuèshàng	to leap to
14.	台阶	táijiē	a flight of steps
15.	陈旧	chénjiù	out-of-date; old-fashioned
16.	含量	hánliàng	content
17.	改造	gǎizào	to transform
18.	形成	xíngchéng	to form
19.	充分	chōngfèn	fully
20.	培育	péiyù	to help develop
21.	畅通	chàngtōng	unblocked
22.	借助	jièzhù	to make use of
23.	打入	dǎrù	to export to
24.	总额	zǒng'é	total amount
25.	比例	bǐlì	proportion
26.	预期	yùqī	to expect
27.	分配	fēnpèi	to distribute

合资谈判

(在永辉公司会议室,李一民与钱月娟等,就双方兴办合资企业的事,开始了第一轮谈判,双方在一些关键问题上没有达成一致意见,谈判陷入了僵局)。

(大家从大厅走向会议室)

钱月娟：(见李一民,迎上去)啊,你们来啦! 这次去南水乡收获不小吧?

李一民：收获很大!

周盼弟：我们已经达成了合资意向。

钱月娟：这很好。南水乡加入了我们的企业集团,企业未来的发展,除了我们总公司的支持外,也要积极吸引外资。

李一民：我希望这次实质性谈判能取得进展。

(大家走进了会议室。)

钱月娟：各位请坐吧! 你们达成了合资意向,我首先表示热烈祝贺!

李一民：我们公司在中国已经有一家独资企业,一家合作企业,我很高兴现在又达成了兴办一家合资企业的意向。

安　娜：中国人说的"三资企业",我们都介入了。

钱月娟：你们有具体的合资方案了吗?

李一民：我们希望建立一家有限责任股份公司。总投资额为5000万美元。

钱月娟：这个规模可以考虑。

周盼弟：你们打算投资多少?

李一民：不少于2550万美元。

钱月娟：就是说,你们想占 51% 以上的股份?

杰　克：我们应该是控股公司。

钱月娟：恕我直言,这不行。

杰　　克：	为什么?
余大勇：	现在许多外国企业,就是采用并购、增资扩股等形式,实现在华的控股经营或独资经营。
周盼弟：	结果,这些外国企业逐渐形成了对我国市场的垄断。
钱月娟：	我们的品牌和市场,是我们多年艰苦创业的结果,我们不能放弃。
杰　　克：	可是,我们的品牌是世界名牌,经营我们的品牌会给双方带来更大的利润。
周盼弟：	我们也能创造出自己的世界名牌!
李一民：	这一点我们可以让步。但是,我们还是希望成为合资企业的最大股东。
钱月娟：	按股份公司的章程,占大股的一方出任董事长。我们必须拥有企业的自主经营权。
杰　　克：	在资金、技术、管理经验诸方面,我们都比你们有优势,我们比你们更有资格控制企业。
钱月娟：	杰克先生,你错了,更有资格的是我们。我们双方还没有达成合资协议,我们可以拒绝你们参股!
杰　　克：	可是,你们有不少企业,不是被外国企业收购了吗?许多合资企业,不也是由外国企业控股吗?
钱月娟：	你说得没错。但是我们公司不想这么做。
李一民：	没有谈判的余地?
钱月娟：	(斩钉截铁地) 没有! 如果你们坚持要控股,我们就不必谈了! (说完,起身欲走。)

新 词 语 New Words and Phrases

1.	陷入	xiànrù	to fall into; to be caught in
2.	僵局	jiāngjú	deadlock
3.	收获	shōuhuò	to harvest; harvest
4.	外资	wàizī	foreign capital

98

5. 进展	jìnzhǎn	to progress; to make progress
6. 介入	jièrù	to intervene
7. 股分	gǔfèn	share
8. 控股	kònggǔ	share controlling
9. 恕我直言	shùwǒzhíyán	excuse me for my putting it bluntly
10. 并购	bìnggòu	to annex by purchasing
11. 扩股	kuògǔ	to expand by holding more shares
12. 实现	shíxiàn	to realize
13. 垄断	lǒngduàn	to monopolize
14. 艰苦	jiānkǔ	hard
15. 创业	chuàngyè	to start an undertaking
16. 股东	gǔdōng	shareholder
17. 章程	zhāngchéng	regulations
18. 自主	zìzhǔ	independent
19. 资格	zīgé	qualifications
20. 控制	kòngzhì	to control
21. 参股	cāngǔ	to purchase shares
22. 收购	shōugòu	to buy
23. 余地	yúdì	leeway; margin

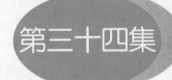

企业沙龙

（在一个企业沙龙的集会上，中外企业家们自由随意地交谈着。在交谈中，李一民发现，他正在与钱月娟谈判的合资项目，出现了竞争对手。）

李一民： 嗨，乔森纳先生，我们又见面了！

乔森纳： 李先生！噢，钱小姐，晚上好！

钱玉婷： 晚上好！

乔森纳： 你们是第一次来这个企业沙龙吧？

李一民： 是的。

乔森纳： 这位女士好像很面熟。

李一民： 永辉公司的经理钱月娟女士，钱小姐的母亲。

钱月娟： 我们一起参加过一个国际贸易研讨会，你的风度很引人注目，只是没有跟你交谈。

乔森纳： 哦，那太遗憾了！要不然，我们早就成了贸易伙伴了。

钱月娟： 我们国家的政策是继续积极、合理、有效地利用外资。

乔森纳： 这是什么意思呢？

钱玉婷： 这就是说，我们对外资要有所选择。

钱月娟： 我们要把利用外资的重点，放在提高成效和水平上来，放在基础产业和基础设施的建设上来。

乔森纳： 这可以理解。那么，你们准备上什么项目？

钱月娟： 我们公司正在从单一经营向多元经营发展，我相信，一定有你感兴趣的项目。

乔森纳： 那太好了，我不会错过良机！我们喝点什么吧？

钱玉婷： 好的，我去取。

李一民： 你们谈吧,那边有几位朋友,我过去看看。

(镜头跟踪李一民到另一侧)

李一民： 嗨,山口先生,让·保罗先生,二位晚上好!

山口武夫： 安娜小姐今晚没有来?

李一民： (四处张望)啊,在那边。好,过来了!

安　娜： 嗨,各位先生晚上好!

山口武夫： 我正在说呢,安娜小姐要是不来,今晚这个沙龙就没意思喽!

安　娜： 你不怕我套出你的商业秘密?

山口武夫： 哦,我对漂亮的小姐从不保密!

安　娜： 听说,你们正在跟一家企业加紧谈判。你们想成为这家企业的最大股东。

山口武夫： 没有的事。我倒听说,保罗先生的公司已经有了目标。

李一民： 你不必否认。你们的野心很大,你们的目的不是追求短期效益,而是最终占领和垄断中国市场。

让·保罗： 其实,这不是什么野心,也不算什么秘密,山口先生何必否认,大家公平竞争嘛!

安　娜： 看,保罗先生就比山口先生诚实!那么,请问是哪家企业呢?

让·保罗： 就是永辉公司。

李一民： 哦,进展如何?

让·保罗： 这嘛……就无可奉告了!山口先生,你说是不是?

新词语　*New Words and Phrases*

1.	沙龙	shālóng	salon
2.	集会	jíhuì	rally; gathering
3.	随意	suíyì	as one likes
4.	出现	chūxiàn	to appear
5.	面熟	miànshú	look familiar
6.	风度	fēngdù	poise; manner; bearing

7.	引人注目	yǐnrénzhùmù	attractive
8.	政策	zhèngcè	policy
9.	重点	zhòngdiǎn	key point
10.	成效	chéngxiào	result; effect
11.	建设	jiànshè	to build; construction
12.	多元	duōyuán	diversified; pluralistic
13.	错过	cuòguò	to miss
14.	良机	liángjī	good opportunity
15.	套出	tàochū	to coax something out of somebody
16.	秘密	mìmì	secret
17.	保密	bǎomì	to keep secret
18.	加紧	jiājǐn	to intensify
19.	目标	mùbiāo	target
20.	否认	fǒurèn	to deny
21.	野心	yěxīn	wild ambition
22.	追求	zhuīqiú	to seek after
23.	占领	zhànlǐng	to occupy
24.	诚实	chéngshí	sincere; honest
25.	无可奉告	wúkě-fènggào	no comment

信用风险

(在大洋信用管理公司的会议厅,正在举行一个信用风险管理学习班,钱月娟等参加学习班,并向主讲人提出许多问题。学习班气氛热烈。)

迈　克：女士们,先生们,欢迎你们来参加这个信用风险管理学习班。我想首先向诸位提一个问题。

钱玉婷：(对刘天柱耳语)还没有上课,老师倒先考起学生来了。

刘天柱：这是地地道道的外国教学方式!

迈　克：在座诸位,如果你做的业务收不回货款,你是否要对此承担责任?如果要承担责任,请举手!

(迈克环视教室,许久无人举手。)

余大勇：请问迈克先生,如果是你,应该承担什么责任呢?

迈　克：我?至少要丢掉饭碗,因为我在成交前没有做好资信调查!

钱月娟：我们中国人很重视朋友情义,既要跟人家打交道,又怀疑人家不讲信用,总有些不好意思。

迈　克：可我也常听中国人说"亲兄弟,明算账。"

周盼弟：是有这么一句话。要是不讲信用,账目不清,亲兄弟也可能反目成仇的。

迈　克：可见,经济活动离不开信用管理。在当代,信用风险管理已经是第三产业中的成熟行业,是信息产业的一部分。

安　娜：在美国,光追账公司就有3000多家;英国一家公司,每个月要接受一二千件追账申请。

迈　克：是的,这些公司日日夜夜都在为那些倒霉的供货商服务。

(众笑)

余大勇：	请问，我们同一家外国公司有了一些业务往来，现在我们要开展新的合作，还需要对这家公司进行资信调查吗？
迈 克：	当然需要。
余大勇：	可是，在过去的业务往来中，他们的商业信誉很好。
迈 克：	当今世界，商业竞争异常激烈，每天都会有公司宣布破产，信用危机随时都可能发生。
钱月娟：	你的意思是不是说，就是对一向信誉很好的客户，也要定期进行信用跟踪调查？
迈 克：	你说得完全正确！
刘天柱：	应该调查一些什么问题呢？
迈 克：	主要是股东及管理人员变动情况，经营状况，财务状况，银行往来状况，抵押记录，诉讼和仲裁等。
周盼弟：	这么多问题呀！
钱玉婷：	信用风险管理，涉及到信息、财务、审计、法律等各个方面，再加上不同国情，问题就更复杂了。
周盼弟：	国际间的贸易，客户都在千里之外，怎么弄得清楚呢？
迈 克：	所以，调查工作应该委托专业资信调查评估机构进行。
余大勇：	迈克先生能为我们介绍一家资信调查评估机构吗？
迈 克：	当然可以，我们公司就是最优秀的！
	（众笑）

新 词 语 *New Words and Phrases*

1.	信用	xìnyòng	credit
2.	主讲	zhǔjiǎng	principal lecturer
3.	气氛	qìfēn	atmosphere
4.	在座	zàizuò	be present
5.	货款	huòkuǎn	money for buying or selling goods
6.	丢掉	diūdiào	to lose

7. 资信	zīxìn	qualifications and credit
8. 情义	qíngyì	friendship; affection
9. 打交道	dǎjiāodào	to deal with
10. 账目	zhàngmù	accounts
11. 反目成仇	fǎnmù-chéngchóu	to have a falling-out and hatred
12. 成熟	chéngshú	mature; ripe
13. 行业	hángyè	trade
14. 追账	zhuīzhàng	to recover debts
15. 日夜	rìyè	day and night
16. 倒霉	dǎoméi	have bad luck
17. 宣布	xuānbù	to announce
18. 随时	suíshí	at any time
19. 变动	biàndòng	to change
20. 状况	zhuàngkuàng	situation
21. 抵押	dǐyā	mortgage; to raise a mortgage on something
22. 记录	jìlù	to record; record
23. 诉讼	sùsòng	lawsuit
24. 审记	shěnjì	audit
25. 专业	zhuānyè	professional
26. 评估	pínggū	to assess
27. 优秀	yōuxiù	excellent

商标注册

（李一民到中国国际贸易促进委员会商标代理处，请求代理注册商标。代理处的魏同仁回答了李一民的各种询问，并接受了李一民的代理申请。）

李一民：魏先生，我们要在中国注册一件商标，想委托你们作申请代理人。

魏同仁：我们是国家商标局的授权组织，可以作你们的代理。

安　娜：没有商标，商品不能上市，所以我们很着急。

魏同仁：我们尽快办吧！你们的委托书带来了吗？

李一民：带来了。代理内容及权限，都写得很清楚。

安　娜：这是商标注册申请书，商标图样，以及其他公证文件。

钱玉婷：按商标法规定，该翻译成中文的文件，我都翻译了。

魏同仁：这很好。如果手续不齐备，或没有按规定填写申请文件的，申请日期就不予保留了。

安　娜：这可是个严重问题，我们的商标就不能注册，或被他人抢注。

魏同仁：是的。所以，你们必须把一切文件都准备好。

李一民：我相信，我们提供的文件完全符合要求。

魏同仁：那么，你们很快就会看到商标局的注册公告的。

安　娜：我想请问魏先生，我们注册的商标，在中国能受到保护吗？

魏同仁：当然。

李一民：我们将要注册的商标，是一件驰名商标。

魏同仁：驰名商标将得到更特殊的保护。

安　娜：什么特殊保护？

钱玉婷：是不是所谓"跨类保护"？

魏同仁：对。不只是同类或近似商品，即使是其他类别商品的商标，也不能与驰名商标相同或相近似。

李一民：这符合《保护工业产权巴黎公约》。

魏同仁：不过，驰名商标应该是在市场上享有较高声誉，并为相关公众所熟知的注册商标。

李一民：我们知道。我们的文件里，有这种商品三年来的主要经济指标。

安　娜：包括销售额、利润、市场占有率。

魏同仁：这很好。

安　娜：我听说，在中国，商标侵权行为非常严重！

魏同仁：我们中国的许多驰名商标，在国外也大量被抢注！

钱玉婷：在每一个国家，知识产权保护都是一个重要问题。

李一民：我知道，中国在知识产权保护方面，取得了很大成绩。

安　娜：如果我们注册的商标，确实受到侵犯呢？

钱玉婷：你们可以向工商行政管理部门提出申请，要求处理。

魏同仁：工商行政管理部门有权责令侵权人立即停止侵权行为，赔偿被侵权人的损失。

安　娜：如果侵权人不执行呢？

魏同仁：有关部门可以强制执行，你们也可以向法院起诉。

李一民：啊，我们不希望发生这样的事！

新 词 语 *New Words and Phrases*

1.	商标	shāngbiāo	brand
2.	促进	cùjìn	to promote
3.	委员会	wěiyuánhuì	comittee
4.	询问	xúnwèn	to inquire about
5.	着急	zháojí	to get worried
6.	权限	quánxiàn	limits of authority
7.	图样	túyàng	design
8.	公证	gōngzhèng	notarization

9.	齐备	qíbèi	complete; to have everything needed
10.	保留	bǎoliú	to reserve
11.	抢注	qiǎngzhù	to register before a person concerned
12.	近似	jìnsì	similar
13.	公约	gōngyuē	convention
14.	享有	xiǎngyǒu	to enjoy(prestige)
15.	声誉	shēngyù	reputation
16.	相关	xiāngguān	relative
17.	熟知	shúzhī	to know well
18.	占有率	zhànyǒulǜ	rate of occupancy
19.	侵权	qīnquán	tort
20.	产权	chǎnquán	property right
21.	成绩	chéngjì	achievements
22.	行政	xíngzhèng	administrative
23.	责令	zélìng	to order; to demand
24.	损失	sǔnshī	loss
25.	强制	qiángzhì	to force; to compel
26.	法院	fǎyuàn	court

申请专利

(在国家专利局,李一民等向专利局官员咨询专利申请和专利保护的有关问题。)

钱玉婷:	吴处长,让你久等了!
吴妙香:	没关系!现在正是上班时间,堵车了吧?
钱玉婷:	可不,足足堵了我们40分钟,真急死人!
吴妙香:	大家快请坐吧,喝点冷饮,消消火气。
苏　珊:	吴女士,我们已经耽误了你的时间,就不跟您说客气话了。
吴妙香:	你们有什么问题,就请问吧!
李一民:	我们正与中方谈判合资经营,我方准备用专利作为投资的方式之一。
苏　珊:	这项技术已经在我们国家获得专利权,还必须在贵国申请注册吗?
吴妙香:	专利保护的基础原则之一是专利的地域性,专利权人受保护的范围只限于他所申请的国家或地区。
苏　珊:	这就是说,我们的专利要得到中国的法律保护,应该在中国申请专利权?
吴妙香:	是的。在中国的合营企业,外方用来作价投资的专利,应该是在中国获得批准的专利。
李一民:	对专利保护期限有什么规定吗?
吴妙香:	当然有。专利是有时间性的。任何一项专利都不可能无限期受到保护。
苏　珊:	那么,我们转让给合营企业的专利呢?
吴妙香:	也一样。在合营期限内,合营的中方要向你们支付专利使用费。
苏　珊:	那么,合资经营到期呢?

吴妙香： 如果专利保护期在合资企业合营期内到期，专利自然失效，合营的中方也就不再支付专利使用费了。

钱玉婷： 啊，这很重要，我们中国同行们应该懂得这一点。

苏　珊： 你的中国同行要是都像你这么精明，外商想用专利行骗，就不容易了。

钱玉婷： 幸好，苏珊小姐不是想要行骗的人！

（众笑）

吴妙香： 这倒不是笑话。在一项技术转让贸易中，涉及到100多项国外专利，但是经过检索专利文献，发现其中只有10项专利有效。

钱玉婷： 如果不查文献，将有多么大的经济损失！

苏　珊： 看来，这个外商碰上了和钱小姐一样的精明人！

李一民： 那么，我们如何在中国申请专利呢？

吴妙香： 首先要符合专利申请条件，即专利必须具有新颖性、创造性和实用性。

李一民： 我们明白。应该提交哪些文件呢？

吴妙香： 申请发明或实用新型专利的，应当提交请求书、说明书、权利要求书等。

苏　珊： 申请手续必须我们亲自办理吗？

吴妙香： 你们可以委托专利代理机构办理。啊，这几家都是授权单位，你们可以选择一家。

李一民： 好的，谢谢你！

吴妙香： 不用客气。有什么问题，欢迎你们再来！

新 词 语　*New Words and Phrases*

1.	专利	zhuānlì	patent
2.	堵车	dǔchē	traffic jam
3.	火气	huǒqì	anger
4.	耽误	dānwu	to delay

5. 作为	zuòwéi	to be considered; to be taken as
6. 获得	huòdé	to get
7. 地域性	dìyùxìng	locality
8. 限于	xiànyú	to limit
9. 地区	dìqū	area; region
10. 作价	zuòjià	to fix a price for something
11. 限期	xiànqī	time limit
12. 转让	zhuǎnràng	to transfer the ownership of something
13. 到期	dàoqī	due; to expire
14. 自然	zìrán	naturally
15. 精明	jīngmíng	shrewd
16. 行骗	xíngpiàn	to cheat; to swindle
17. 幸好	xìnghǎo	luckily; fortunately
18. 检索	jiǎnsuǒ	reference; to retrieve
19. 文献	wénxiàn	document
20. 其中	qízhōng	among them
21. 碰上	pèngshàng	to come across
22. 新颖	xīnyǐng	new and original
23. 发明	fāmíng	to invent; invention

第三十八集　合资企业的申请

（在燕南市对外经济贸易委员会大楼，人们来来往往。这里集中了工商、税务、公安、海关等市政府各有关部门，为外商投资企业现场集体办公。钱月娟和安娜也来到这里，办理合资企业的申请事宜。）

安　娜：嗨，乔森纳先生！

乔森纳：啊，安娜小姐，你好！你们也来办事？

安　娜：我们来办理合资企业的申请手续。

钱月娟：按规定，申请合资企业，是由中方合营者向审批机关提交有关文件，安娜小姐本来不必来。

安　娜：可我想长长见识，所以也跟来了。

乔森纳：你们的合资企业，已经得到有关部门的批准书了吗？

钱月娟：我们呈报的项目建议书和初步可行性研究报告，刚刚批下来，今天来提交正式申请。

乔森纳：啊，你们忙吧，我也该去办我的事了！

安　娜：好，回头见！

（钱月娟和安娜走向一张办公桌前）

钱月娟：赵主任，我们今天来提交合资企业的正式申请书。

赵君宝：欢迎！文件都齐了吗？

钱月娟：都带来了。我们合资企业的项目建议书和初步可行性研究报告，已经获得主管部门的批准。这是批准书。

赵君宝：我记得，你们立项没有多久嘛，就已经批准了。

钱月娟：是快，我们也没有想到。

赵君宝：你们设立合营企业的申请书呢？

钱月娟：在这儿。还有，这是合营各方共同编制的可行性研究报告。

安　娜：我们在立项前做过周密调查研究,对合资经营的前景充满了信心。

赵君宝：这非常好! 衷心预祝你们合营成功!

安　娜：谢谢!

钱月娟：嗯,这是合营企业的协议、合同和章程。

赵君宝：经过合营各方授权代表签署了吗?

安　娜：我们双方已经达成完全一致的意见。你看,双方都签署过了。

赵君宝：这个很重要。这关系到合营各方的义务和权益,留下任何纰漏,都将无法顺利履行。

钱月娟：我们知道。

安　娜：我们也不愿意引起任何纠纷。

赵君宝：这就很好。这些文件也有英文文本吗?

安　娜：有的。

赵君宝：中、英文两种文本具有同等效力。

钱月娟：赵主任,我们的申请什么时候可以批下来?

赵君宝：我们要仔细审查文件,如果不需要你们修改,三个月之内就可以作出批准或不批准的决定。

安　娜：我们希望一切顺利!

赵君宝：我想会的,你们就回去听好消息吧!

新 词 语　*New Words and Phrases*

1.	来往	láiwǎng	to come and go
2.	税务	shuìwù	tax(bureau)
3.	公安	gōng'ān	(bureau of)public security
4.	集体	jítǐ	collective
5.	办公	bàngōng	to handle official business
6.	办事	bànshì	to handle affairs
7.	见识	jiànshi	knowledge; experience
8.	呈报	chéngbào	to submit a report

9. 可行	kěxíng	feasible; workable
10. 报告	bàogào	to report
11. 主管	zhǔguǎn	in charge of
12. 立项	lìxiàng	to prove as a project
13. 编制	biānzhì	to work out
14. 周密	zhōumì	thorough
15. 衷心	zhōngxīn	heartfelt
16. 纰漏	pīlòu	a careless mistake
17. 顺利	shùnlì	smoothly
18. 引起	yǐnqǐ	to arouse; to lead to
19. 纠纷	jiūfēn	dispute
20. 文本	wénběn	text
21. 具有	jùyǒu	to have
22. 效力	xiàolì	effect
23. 仔细	zǐxì	careful
24. 审查	shěnchá	examine; to investigate

企业形象设计

（在美国佳美公司，李一民、钱月娟等要求佳美公司为合资企业做企业形象设计，双方就有关问题进行了详细讨论。）

（大家握手，自我介绍）

蓝　蒂：钱女士，首先祝贺你们的合资公司即将开业！

钱月娟：谢谢！

李一民：蓝蒂小姐，贵公司一直负责我们公司的形象设计，现在我们合资企业的形象设计工作，也想委托给你们。

蓝　蒂：我们很荣幸！

苏　珊：现在，中国的企业界也很重视企业形象设计。

蓝　蒂：中国人已经懂得企业形象设计的价值，所以，我们为企业做形象设计的专业公司进入了中国市场。

钱月娟：一个企业的资产包括有形资产和无形资产两大部分，现在看来，无形资产往往更加重要。

蓝　蒂：钱女士说得一点都不错。无形资产有多种，像专利、商标、技术秘密等等。

钱玉婷：当然，企业形象更是一种重要的无形资产。

蓝　蒂：是的。据国际设计协会的估计，在企业形象设计中投入 1 美元，企业经营就可获得 277 美元的收益。

余大勇：怎么会产生这样大的经济效益呢？

蓝　蒂：事实上，企业形象设计是一个综合设计，它包括对企业的经营理念、行为规范和视觉识别三个方面的设计。

钱月娟：企业形象效益正是这三方面产生的综合效益。

李一民： 据我所知,美国的企业形象设计偏重于视觉识别。

钱月娟： 我想,经营理念和行为规范的设计更为重要,它会从根本上提高整个企业的管理水平和人员素质。

蓝　蒂： 钱女士有什么具体要求吗?

钱月娟： 关于经营理念的设计,我想你们不必考虑太多。

李一民： 由于东西方文化不同,在经营原则、企业精神方面会有很多差异。如果照搬西方的一套,不合中国国情。

蓝　蒂： 这一点,我们很了解。

钱月娟： 在企业管理方面,经济发达国家有很多好的经验。我希望你们在企业行为规范的设计方面,能提出好的方案。

李一民： 在视觉识别方面,也要新颖独特,有吸引力!

钱玉婷： 不过,不要忽视中国人的审美习惯。

李一民： 哦,蓝蒂小姐,我提醒你一点,近年来,中国的体育市场特别火爆。

蓝　蒂： 你的意思是,我们在设计公关战略时,不要忘了体育市场。

余大勇： 这是个好主意! 中国正在开展全民健身运动,进体育场观看比赛的人多,收看电视现场转播的人也多。

钱月娟： 企业可以通过赞助体育比赛和运动队, 在公众中树立企业形象和品牌印象。

钱玉婷： 比赛冠名权、体育俱乐部冠名权,比赛场地广告,都会为企业扬名。

蓝　蒂： 我们会高度重视的!

新 词 语　*New Words and Phrases*

1.	设计	shèjì	to design
2.	负责	fùzé	to be responsible for
3.	资产	zīchǎn	property
4.	有形	yǒuxíng	tangible; visible
5.	无形	wúxíng	intangible; invisible

6.	收益	shōuyì	benefits
7.	综合	zōnghé	comprehensive; synthetic
8.	理念	lǐniàn	concept; idea
9.	视觉	shìjué	sense of vision
10.	识别	shíbié	to distinguish
11.	偏重	piānzhòng	stress one aspect of a matter
12.	素质	sùzhì	personal quality
13.	差异	chāyì	difference
14.	照搬	zhàobān	to copy
15.	独特	dútè	unique
16.	忽视	hūshì	to ignore
17.	审美	shěnměi	appreciation of the beautiful
18.	提醒	tíxǐng	to remind; warning
19.	体育	tǐyù	sports
20.	火爆	huǒbào	vigorous
21.	战略	zhànlüè	strategy
22.	健身	jiànshēn	physical exercise; to keep fit
23.	运动	yùndòng	movement; sports
24.	转播	zhuǎnbō	to relay
25.	赞助	zànzhù	to support
26.	扬名	yángmíng	to become famous

配额招标

（在海滨度假村，钱月娟和李一民等在露天音乐茶座休息，苏珊、钱玉婷等游泳回来，加入了钱月娟和李一民的谈话，话题逐渐转到了即将开始的出口商品配额招标。）

钱月娟： 啊，真是个好地方，我觉得好轻松！

李一民： 你难得有这样的休闲吧？

钱月娟： 是啊，一天到晚，好像有忙不完的事。

李一民： 你还是跟从前一样，一个十足的工作狂。

钱月娟： 为了这，你没少跟我闹别扭。

李一民： 我们那时都年轻，我要玩，你要工作，能不闹别扭？

钱月娟： 以后各走东西，天下太平！

（苏珊和钱玉婷等游泳回来）

苏　珊： 你们在谈什么？好亲密呀！怎么不谈了？

杰　克： 他们俩有秘密，是不是？

钱月娟： 你们游够了没有？抓紧时间轻松轻松，明天还有一大堆事等着你们呢！

苏　珊： 知道，出口商品配额有偿招标就要开始了，明天要准备投标材料。

钱玉婷： 这次是计划配额和主动配额招标吧？

苏　珊： 是。截标日期就要到了，过了截标日不交回标书，就等于自动放弃投标。

余大勇： 我们要填投标申请书，可投标价格和投标数量还没有定呢！

李一民： 关于投标数量嘛，我想，我们应该争取得到最大的出口配额。

杰　克： 中国政府鼓励合资企业的产品外销，我们应该尽可能扩大出口。

钱月娟： 这要看我们的生产规模和近几年的出口实绩。

余大勇:	我们本来就是主要经营企业，出口实绩一直很好，现在又合资经营，我们有实力争取到最大配额。
李一民:	按规定，外商投资企业，如果中标数量低于出口规模，招标委员会还可以按批准的规模补足。
钱月娟:	出口配额多自然是好事，但是如何使用好配额，就得好好动动脑子了。
余大勇:	如果浪费了配额，明年就可能被取消投标资格。
钱玉婷:	如果配额实在用不完，可以在距配额最后有效期30个工作日之前申请转让。但是，请注意……
苏 珊:	严禁私自非法转让、受让!
钱玉婷:	对喽!
李一民:	我相信，我们既不会浪费配额，也不会转让配额。
苏 珊:	你们的外销能力很强，现在又有我们在国外的营销渠道，扩大出口完成配额指标，绝对不会有问题。
钱月娟:	看来，大家都充满了信心。
苏 珊:	那么，我们就准备申请出口许可证吧!
钱玉婷:	苏珊真够性急的，好像已经中标了似的!

新 词 语 *New Words and Phrases*

1.	配额	pèi'é	quota
2.	招标	zhāobiāo	to invite tenders
3.	海滨	hǎibīn	seaside
4.	露天	lùtiān	in the open; outdoors
5.	即将	jíjiāng	to be about
6.	休闲	xiūxián	leisure
7.	十足	shízú	in a true sense; sheer
8.	工作狂	gōngzuòkuáng	to be crazy about one's work

9.	别扭	bièniu	at odds
10.	年轻	miánqīng	young
11.	太平	tàipíng	peaceful
12.	抓紧	zhuājǐn	to seize; to hold firmly
13.	有偿	yǒucháng	to give a reward; compensated
14.	投标	tóubiāo	to submit a tender
15.	截标	jiébiāo	deadline for a tender
16.	标书	biāoshū	tender
17.	鼓励	gǔlì	to encourage
18.	外销	wàixiāo	for sale abroad or in another part of the country
19.	扩大	kuòdà	to expand
20.	补足	bǔzú	to make up a deficiency; to fill
21.	脑子	nǎozi	brain
22.	实在	shízài	really; indeed
23.	严禁	yánjìn	strictly forbid
24.	私自	sīzì	secretly; privately
25.	非法	fēifǎ	illegal
26.	受让	shòuràng	to accept one's transference
27.	性急	xìngjí	impatient; short-tempered
28.	中标	zhòngbiāo	to win the tender

招聘员工

(在一个大型人才交流市场,中外企业、公司都在忙碌地接待各色求职者。环球永辉合资企业也在招聘员工,有人在咨询,有人在填写材料,有人正在接受李一民等人的询问。)

求职者甲: 小姐,有你们公司的介绍材料吗?

安　娜: (递过一份材料)这儿,欢迎你来我们公司应聘!

求职者乙: 先生,什么人可以到你们公司应聘?

余大勇: 大学以上文化程度。

求职者乙: 需要研究生、博士生吗?

余大勇: 我们是高科技产品生产企业,我们非常欢迎高级技术人才。

安　娜: 尤其需要有实际工作经验、懂现代企业管理的人才。

求职者乙: 公司待遇怎么样?

安　娜: 噢,那要看你能做什么,做得怎么样了!

余大勇: 我们公司的工资和福利待遇,将是很丰厚的。

(镜头转到李一民一边)

珍　妮: 先生,这是我的求职书。

李一民: (看求职书)你是美国人?也来求职?

珍　妮: 是的。我在美国已经工作了五年,在中国留学三年,现在毕业了,我想在合资企业试试。

钱月娟: 我们很欢迎。你了解我们公司吗?

珍　妮: 我刚看了你们公司的介绍材料。

钱月娟: 那么,你的专长是什么呢?

珍　妮: 我学的是国际工商管理专业,还有五年的财务管理经验。

钱月娟: 还有吗?

珍　妮：我熟悉国际市场，对中国的国情也有一些了解。

钱月娟：比如说呢？

珍　妮：比如，中国过去实行的是计划经济，现在正在向市场经济过渡，经济生活中表现出的许多新特点，就很值得重视。

李一民：你说得很对！很多外国商人不了解这一点。

珍　妮：所以他们同中国人做生意，常常遇到麻烦。

钱月娟：那么，你对我们公司有什么要求呢？

珍　妮：我希望得到应有的尊重，充分发挥我的才能。

钱月娟：东西方文化不同……

珍　妮：这我有思想准备，难免发生冲突，你们两人之间大概就不能避免吧？

钱月娟：啊，你很直率！

珍　妮：我想，这是合资企业里必然存在的问题。

李一民：不过，你可以放心。在中国，绝大多数合资企业都办得很成功，中外双方合作得很愉快。

珍　妮：所以我想到贵公司试试。

钱月娟：好的，请留下你的电话，等我们的通知吧！

珍　妮：求职书有联系电话和地址。谢谢！

新 词 语 *New Words and Phrases*

1.	招聘	zhāopìn	to invite applications for jobs
2.	人才	réncái	talented person
3.	交流	jiāoliú	to exchange; to interflow
4.	忙碌	mánglù	busy
5.	各色	gèsè	of all kinds
6.	求职	qiúzhí	to seek after a post
7.	应聘	yìngpìn	to accept an offer of employment
8.	研究生	yánjiūshēng	postgraduate

9.	博士生	bóshìshēng	doctorate candidate
10.	实际	shíjì	real; reality
11.	待遇	dàiyù	remuneration; treatment
12.	福利	fúlì	welfare; material benifits
13.	丰厚	fēnghòu	generous; ample
14.	毕业	bìyè	to graduate
15.	专长	zhuāncháng	special skill or knowledge
16.	过渡	guòdù	transition
17.	表现	biǎoxiàn	to display
18.	尊重	zūnzhòng	to respect
19.	才能	cáinéng	talent and capability
20.	思想	sīxiǎng	thinking
21.	冲突	chōngtū	conflict
22.	大概	dàgài	probably
23.	避免	bìmiǎn	to avoid
24.	直率	zhíshuài	candid; frank
25.	必然	bìrán	necessary
26.	通知	tōngzhī	to notify; to inform

第四十二集　岗前培训

（环球永辉合资企业新招聘的一批员工，正在接受上岗前的培训，培训内容是员工们如何发挥自主精神和才能，参与企业决策和经营，使企业永远充满活力和生机。）

钱月娟：女士们，先生们，从今天起，我们开始上岗前的培训。

李一民：现代企业管理的一个重要思想，就是对人的管理，对人才资源的开发。

钱月娟：一个企业，要有科学的经营决策，要发挥资金、物资、设备、能源的整体优势，以最少的投入获得最大的效益，靠什么呢？

珍　妮：当然是靠人。人员素质的高低决定企业的前途！

钱月娟：所以，希望你们出色完成这次岗前培训。

李一民：岗前培训不合格不能上岗呦。

职工甲：你是说，我们还可能被解聘啰？

李一民：是的。我很坦率地对你们说，我在决定向永辉公司投资前，考察了企业的各种条件。我最看重的是人。

职工乙：李先生看中了谁？

李一民：噢，不是某一个人。我对企业高层领导作了详细了解，严格评估了他们的经验、专业知识、个人品格以及对公司的责任感。

职工甲：那么，你的结论呢？

李一民：哦，我想你们知道了。这里有一批有头脑、有眼光、有气魄、肯实干的出色企业家。

珍　妮：我们也会成为这样的企业家的！

职工丁：那么，我们应该怎样做呢？

钱月娟：首先，做企业的主人！

李一民：比如,企业的决策和经营,不只是企业高层领导的事,也是你们的事。

珍　妮：我们也应该参与企业的经营决策。

李一民：对。比如,我们要建立一个把用户和产品开发联系起来的管理体系,你们就有很多事可做。

职工乙：我们同顾客存在着天然联系,我们公司的几千名职工就是联系顾客的无数条纽带。

职工甲：我们能及时了解到他们的需求,了解到市场的动向。

李一民：这就是我们及时调整产品结构和生产计划的依据。

珍　妮：企业不能生产适销对路的产品,就不能生存。

李一民：所以,利用你们从顾客那里得来的信息,参与企业的经营决策,十分重要!

钱月娟：还有一点。我们这次合资经营,从国外引进了先进技术,是不是好事呢?

职工丙：当然是好事,我们可以实现产品更新换代。

钱月娟：但好事也能变成坏事。

职工丙：这,我不懂。

钱月娟：我们可能形成对外国技术的依赖性,忘记了合资企业也要不断进行自身开发能力的建设。

职工甲：钱总经理说得对,在这方面,我们全体职工都是生力军!

钱月娟：说得好,希望大家努力!

新词语　*New Words and Phrases*

1.	上岗	shànggǎng	to go to one's post; to go on duty
2.	参与	cānyù	to participate in
3.	永远	yǒngyuǎn	always
4.	活力	huólì	energy
5.	生机	shēngjī	vitality
6.	资源	zīyuán	natural resources
7.	物资	wùzī	goods and materials
8.	能源	néngyuán	energy resources

9.	整体	zhěngtǐ	whole; entirety
10.	前途	qiántú	future
11.	解聘	jiěpìn	to dismiss an employee
12.	看重	kànzhòng	to regard as important
13.	品格	pǐngé	moral character
14.	结论	jiélùn	conclusion
15.	头脑	tóunǎo	brain; mind
16.	眼光	yǎnguāng	foresight; insight
17.	实干	shígàn	to do a solid job
18.	天然	tiānrán	natural
19.	纽带	niǔdài	link; tie
20.	适销	shìxiāo	salable
21.	对路	duìlù	to satisfy the needs; suitable
22.	生存	shēngcún	to exist
23.	换代	huàndài	to regenerate
24.	依赖	yīlài	to rely on
25.	不断	búduàn	continuously
26.	自身	zìshēn	self; oneself
27.	生力军	shēnglìjūn	new force; fresh activists

第四十三集　　　质量管理

（一个车间现场会会场，在一堆砸烂了的成品周围，聚集着厂里的干部职工，人们在议论纷纷，有的人还在拭眼泪。一场质量问题的热烈讨论展开了。）

女青工：　（拭着泪）可惜啊，几十台产品，一点小毛病，就这么给砸了！

老工人：　当年我们比现在还重视质量，也没见砸次品。

男青工甲：就是嘛，产品不合格，还可以返修嘛！

男青工乙：我们工人的血汗就这么糟蹋了？这是犯罪！

技术员：　我看砸得好！总是检验呀，返修呀，多少年了，质量还不是这样！

钱月娟：　（大声地）怎么，你们心痛了？掉眼泪了？愤怒了？可我，打心眼里要笑了！

男青工乙：钱总，你下命令砸了，现在还幸灾乐祸！

钱月娟：　不，我不是幸灾乐祸，我是看到了提高产品质量的希望！

女青工乙：这次砸掉几十台成品，真正砸到了大伙儿的心上，我们永远也不会忘记这次教训。

李一民：　我想，这就是钱总打心里要笑的原因！

钱月娟：　是的。我们必须痛下决心，提高产品质量意识。现在，我请大家讨论，为什么要重视产品质量？如何提高产品质量？

推销员：　现在，市场竞争十分激烈，竞争不只存在于国内同行之间，更存在于国内企业与国外企业之间。

珍　妮：　国内市场日益国际化，使每一个企业都陷入了四面受敌的境地。

钱月娟：　岂只是四面受敌，简直就是八面来风！质量就是企业的生命，今天的高质量就是明天的大市场。

苏　珊：　过去，市场竞争主要是价格竞争。现在，质量成了成交的重要条件。

钱月娟： 那么，你们知道这个条件重要到什么程度吗？

（众人一时无语）

李一民： 现在，全世界都在实行 ISO9000 质量认证标准。供货商和采购商都强烈要求实施国际互认。

钱月娟： 这就是说，双边或多边国际贸易，如果没有这种质量标准互认，就不能进行进出口贸易。

李一民： 说得明白一点，出口国不能出口，进口国也不让进口。

苏　珊： 现在，ISO9000 族标准的认证和认证注册，成了国际贸易市场准入的通行证。

女青工： 那么，我们怎么才能得到进口国的质量认证呢？

钱月娟： 坚决实施 ISO9000 质量标准和质量管理。

技术员： 我们应该对现行管理机制进行重大变革，把质量事故杜绝在发生以前。

李一民： 对！从采购进料、产品设计、生产流程到成品出厂，各个环节都要依照 ISO9000 族标准体系重新规范行为。

钱月娟： 对。到那时，我们大伙就不会像今天一样痛心掉泪了！

（众笑）

新 词 语　*New Words and Phrases*

1.	车间	chējiān	workshop
2.	砸烂	zálàn	to smash; to break
3.	成品	chéngpǐn	finished product
4.	周围	zhōuwéi	surrounding
5.	聚集	jùjí	to gather
6.	拭	shì	to wipe
7.	眼泪	yǎnlèi	tear
8.	可惜	kěxī	pity
9.	次品	cìpǐn	substandard goods

10.	返修	fǎnxiū	to repair again; to return for repairing
11.	血汗	xuèhàn	blood and sweat
12.	糟蹋	zāota	to waste; to spoil
13.	犯罪	fànzuì	to commit a crime
14.	愤怒	fènnù	angry
15.	命令	mìnglìng	to order
16.	幸灾乐祸	xìngzāi-lèhuò	to take pleasure in somebody's misfortune
17.	教训	jiàoxùn	lesson
18.	日益	rìyì	daily
19.	四面受敌	sìmiàn-shòudí	to be exposed to enemy attacks on all sides
20.	境地	jìngdì	condition; plight
21.	准入	zhǔnrù	to be allowed to enter
22.	通行证	tōngxíngzhèng	pass
23.	现行	xiànxíng	currently in force
24.	变革	biàngé	to transform
25.	杜绝	dùjué	to put an end to
26.	流程	liúchéng	productive process
27.	依照	yīzhào	according to
28.	重新	chóngxīn	again

第四十四集　　**财务管理**

（在环球永辉公司财务处，办公桌上是计算机和各种账本、材料。李一民等正在同职工们讨论如何加强财务管理问题。）

钱月娟：女士们、先生们，今天，我们一起讨论财务工作。

杰　克：我首先请教大家一个问题，你们现在的财务工作有什么问题吗？

职工甲：我们大家都严格执行各种财会制度，账目都很清楚。

珍　妮：我的这些同事们，都是优秀的财会人员。

杰　克：这一点，我完全相信。但是，有没有需要改进的地方呢？

职工乙：我认为，我们在微观方面无可挑剔，在宏观方面还很不足。

钱月娟：好，说到点子上了！

李一民：那么，是你们没有清醒的宏观意识吗？

（相互对视，无人回答。）

杰　克：（风趣地）我想不是。你们对天下事，国家事，都有很精彩的看法。你们是世界上最有宏观意识的人！

（众笑）

钱月娟：问题出在我们的财会制度。财务和会计是两种不同职能的工作，可我们至今还合二为一。

杰　克：钱经理说得非常对。我请教诸位，会计的职能是什么？

职工丙：是正确组织核算，为企业的报表使用者提供会计信息。

杰　克：那么，财务的职能呢？

职工乙：应该是从宏观上为企业理财。

杰　克：对！你说得很对！你们这样做了吗？

（又一次相互对视，沉默。）

钱月娟：这就是我们现行财会制度的问题，重会计，轻财务。

杰　　克：企业财务机构，应该根据企业经营的需要，积极筹集资金，合理有效地管理和运用资金，正确处置资产，合理分配收益等等。

李一民：这就是宏观上的管理。

职工甲：这些都是企业决策者们考虑的事。

珍　　妮：不能这么说。财会人员应该是决策者们最有资格的参谋。

钱月娟：说得对，比如筹集资金吧……

职工乙：如果向银行贷款过多，又没有相应的利用效果，赚来的钱只够还银行利息，那就要白辛苦了！

珍　　妮：我可不愿白白给银行打工！

（众笑）

杰　　克：可见，分析筹资成本和预期的筹资效益，选择最优的筹资方案，是多么重要！

李一民：资金在企业内部实现最佳配置，向外部投资，也离不开财务部门的出色工作。

杰　　克：我们必须加强财务工作，加强财务和会计两个部门的配合、协调，为企业的经营提供最有力的支持。

钱月娟：诸位同意这些意见吗？好，下次我们再继续讨论。

新 词 语　*New Words and Phrases*

1.	账本	zhàngběn	account book
2.	加强	jiāqiáng	to strengthen
3.	请教	qǐngjiào	to ask for advice
4.	改进	gǎijìn	to improve
5.	微观	wēiguān	micro-
6.	宏观	hōngguān	macro-
7.	不足	bùzú	insufficient
8.	点子	diǎnzi	heart of the matter
9.	清醒	qīngxǐng	cool-minded

10. 精彩	jīngcǎi	excellent
11. 看法	kànfǎ	point of view
12. 会计	kuàijì	accountant
13. 正确	zhèngquè	correct
14. 报表	bàobiǎo	report forms
15. 理财	lǐcái	to manage money matters
16. 筹集	chóují	to raise
17. 运用	yùnyòng	to use
18. 处置	chǔzhì	to handle; to deal with
19. 参谋	cānmóu	to give advice
20. 利息	lìxī	interests
21. 配置	pèizhì	to deploy; distribution
22. 配合	pèihé	to cooperate
23. 协调	xiétiáo	to coordinate

规模经营

（在一个幽雅的花园别墅里，环球永辉公司正在召开高层决策人会议，研究企业如何开展资本经营和实现规模效益问题。一个重大决策正在酝酿中。）

钱月娟：今天，我们召开董事会，也请来了各部门的负责人，讨论我们企业的发展问题。

杰　克：我们的合资企业，经营得很好。我们需要更大的发展，争取进入中国最佳合资企业的行列。

李一民：我们环球公司总部认为应该不失时机，加快发展。

钱月娟：在世界上，追求企业发展走着两种不同的路。一种是规模越小越好，一种是规模越大越好。

杰　克：小企业，经营灵活，机会成本低；大企业，规模效益好，相对成本低。

余大勇：用中国老百姓的话说，船小好掉头。

苏　珊：船大顶风浪！

珍　妮：看来，小有小的好处，大有大的好处。

钱月娟：但是，从当今世界的总趋势看，超大规模的跨国公司、集团，成了市场的主角。

李一民：以规模创造效益优势，以效益优势扩大规模。

钱月娟：保持这种良性循环，公司就可以不断壮大起来，战胜任何强大的竞争对手。

杰　克：钱总坚定自信，气概非凡，我们企业必然成功！

钱月娟：不。这要靠全体员工共同奋斗。首先，我想听听经济师有什么好的意见。

珍　妮：我认为，应该积极推进资本经营。

（众人低声议论）

钱月娟：请继续讲下去！

珍　　妮：首先，要优化存量资本，确定货币资本、生产资本和商品资本的合理比例，实现存量资本的保值和增值。

钱月娟：说得好。其次呢？

珍　　妮：其次是要扩充增量资本。

钱月娟：怎么扩充？

苏　　珊：企业经营获得的剩余价值，用于扩大再生产，可以转化成为新的资本。

珍　　妮：还有一个途径，就是有效地利用外部资本。

钱月娟：嗯，珍妮讲得很有分寸。她特别强调了有效利用。

余大勇：如何利用才是有效的呢？

珍　　妮：企业可以接收和收购其他企业的资产或股权，即通过兼并或参股、控股方式，支配更多的资本。

钱月娟：现在有这个机会。我国经济正在从粗放型向集约型转变，加紧实现企业结构的调整和优化。

珍　　妮：在国际上，每天都有3万亿美元的资本在寻找投资机会。

杰　　克：企业可以向国内外发行股票，充分利用国际资本市场，也是企业发展的一个重要途径。

钱月娟：推进资本经营，实现最大规模效益，是我们企业今后的发展战略，我们应该尽快制定出实施方案。

新 词 语　*New Words and Phrases*

1.	幽雅	yōuyǎ	in good taste
2.	重大	zhòngdà	important
3.	酝酿	yùnniàng	to consider and talk over something before a decision is made
4.	行列	hángliè	rank
5.	时机	shíjī	chance
6.	相对	xiāngduì	comparatively
7.	顶	dǐng	to go against
8.	风浪	fēnglàng	wind and wave

9.	跨国	kuàguó	transnational
10.	主角	zhǔjué	leading role
11.	保持	bǎochí	to maintain; to keep
12.	良性	liángxìng	benign
13.	循环	xūnhuán	to circulate; cycle
14.	壮大	zhuàngdà	to grow in strength
15.	战胜	zhànshèng	to defeat; to win
16.	坚定	jiāndìng	firm; steadfast
17.	自信	zìxìn	self-confident
18.	气概	qìgài	lofty quality
19.	奋斗	fèndòu	to struggle
20.	经济师	jīngjìshī	economic master
21.	推进	tūijìn	to promote; to push forward
22.	优化	yōuhuà	to optimize
23.	存量	cúnliàng	capacity of storage
24.	确定	quèdìng	to fix
25.	保值	bǎozhí	value guarantee
26.	增值	zēngzhí	value increase
27.	扩充	kuòchōng	to expand
28.	剩余	shèngyú	surplus
29.	途径	tújìng	channel; way
30.	分寸	fēncun	sense of propriety
31.	强调	qiángdiào	to stress
32.	接收	jiēshōu	to receive
33.	股权	gǔquán	the holding of shares
34.	兼并	jiānbìng	to annex ; to merge into
35.	支配	zhīpèi	to dominate
36.	粗放	cūfàng	extensive
37.	集约	jíyuē	intensive
38.	发行	fāxíng	to issue

第四十六集　股票上市

（环球永辉公司继续召开高层会议，研究资本经营和规模效益问题，决定申请发行股票和股票上市。）

（在户外，苏珊等或在跑步，或在聊天。钱月娟从室内走出来。）

钱月娟：各位，早上好! 昨晚睡得怎么样?

珍　妮：睡得很香，可还是觉得很累。

杰　克：连续开了几天会，光睡觉怎么休息得过来?真想好好运动运动!

苏　珊：我赞成! 游泳，打网球!

李一民：不行啊，今天还要开会。

苏　珊：哦，老板!

钱月娟：公司决定利用资本市场，扩大企业规模，需要大家仔细讨论。

杰　克：资本市场是筹集长期资金的融资场所，证券市场是它的核心部分。

李一民：最近几年，中国的证券市场发展很快。

余大勇：是的，中国已经形成深圳和上海两大证券交易市场，许多大城市，股市也很热。

苏　珊：有外国人可以买的股票吗?

珍　妮：怎么，你想炒股票?

苏　珊：我的运气总是很好，看准了就捞一把!

珍　妮：你是个十足的投机家!

（众笑）

苏　珊：股票市场本来就存在投机性嘛!

李一民：据我所知，中国老百姓更看重投资的安全性。

苏　珊：所以，很多人都把钱存入国家银行，不愿到股票市场去冒风险。

钱月娟:	情况正发生变化,热衷于高回报率的股民越来越多了。		
珍　妮:	他们不怕投机失败吗?		
余大勇:	当然怕,但是赚了的也不少。		
钱月娟:	股票市场,有一个重要功能,就是社会公众对企业的监督评价。		
杰　克:	在股票市场上,上市公司股票价格的高低、交易量的大小,就是股民对企业经营业绩的评价。		
苏　珊:	评价高的上市公司股票,股民就争相认购。		
钱月娟:	所以,每当年终报告公布之后,上市公司都乘分红良机,纷纷扩股,或发行新股。		
余大勇:	而且多数都用送股、配股或转增方式扩股,用派现方式分红的很少。		
杰　克:	这样做,可以避免公司资金流出,为企业发展获得新的资金。		
钱月娟:	中国开放资本市场的大趋势已定,并且正在稳步向前推进,股票市场正在走向规范和成熟,前景非常好。		
杰　克:	我们公司要扩大规模效益,应该尽快争取在境内外发行股票。		
李一民:	我们已经研究了一个计划,正要请大家讨论。		

新 词 语　*New Words and Phrases*

1.	股票	gǔpiào	stock; share
2.	连续	liánxù	to continue
3.	赞成	zànchéng	to approve of ; to agree with
4.	证券	zhèngquàn	negotiable securities
5.	核心	héxīn	core; kernel
6.	部分	bùfen	part; partial
7.	股市	gǔshì	stock market
8.	炒股	chǎogǔ	to speculate in shares
9.	捞	lāo	to make(money)
10.	投机	tóujī	to speculate
11.	老百姓	lǎobǎixìng	common people

12.	冒	mào	at one's risk
13.	热衷	rèzhōng	to be fond of
14.	股民	gǔmín	share holder
15.	监督	jiāndū	to supervise
16.	评价	píngjià	to evaluate
17.	业绩	yèjì	outstanding achievement
18.	争相	zhēngxiāng	to vie with each other in doing something
19.	认购	rèngòu	to subscribe; to offer to buy
20.	年终	niánzhōng	end of the year
21.	公布	gōngbù	to promulgate
22.	乘机	chéngjī	to take the opportunity of
23.	分红	fēnhóng	to receive dividends
24.	配股	pèigǔ	to distribute shares
25.	转增	zhuǎnzēng	to increase by transferring
26.	派现	pàixiàn	to pay cash

第四十七集　参加广交会

(李一民、钱月娟一行参加广州中国出口商品交易会,他们在机电馆设立了一个展台,展台前簇拥着中外客商。人们在各自忙碌着。)

珍　　妮: 你们跑到哪里去了,刚才我都快忙死了!

苏　　珊: 我和玉婷到中心大厅去了。

钱玉婷: 看,这是什么?

珍　　妮: 英文版的《国际商报》!

钱玉婷: 上面有这次广交会的各种消息。

珍　　妮: 嗬,这届广交会有3000多家企业参展,还有不少是三资企业呢!

苏　　珊: 我们合资企业也是一家!

钱玉婷: (指《国际商报》中的一页)你看这儿,整个交易会有6大行业馆,33个展区,10多万种出口商品。

珍　　妮: 这真是一个规模巨大的国际贸易盛会!

苏　　珊: 我早就听说,广交会是中国创办最早、规模最大、层次最高的出口商品交易会,这次来广州一看,果然名不虚传!

钱玉婷: 广交会每年举办两届,每一届都有几万外国客商来会,上一届的成交额已突破100亿美元。

苏　　珊: 看样子,这一届来的外商更多。

(让·保罗和山口武夫走了过来。)

让·保罗: 嗨,苏珊小姐!

苏　　珊: 嗨,保罗先生,山口先生,什么风把你们给吹来了?

山口武夫: 三位漂亮小姐在这儿,我们能不来吗?

珍　　妮: 得,你们是来找经理的吧?

让·保罗：	他们在吗？
钱玉婷：	他们在洽谈室，我带你们去！

（洽谈室）

让·保罗：	哦，打扰你们了！
李一民：	啊，我们正好谈完。(转对二位外商)就这样吧，很高兴我们成交！
一外商：	希望我们能顺利履行合同！
钱月娟：	放心吧，再见！
李一民：	(转对让·保罗和山口)二位请坐吧！喝点什么？
山口武夫：	谢谢。看来，你们的生意不错。
钱月娟：	今年，我们的出口商品结构进一步优化，高科技产品、高附加值产品和名牌产品占了主导地位。
李一民：	特别是我们机电馆，是高科技密集型展馆，对外商最有吸引力。
钱月娟：	我国自行开发的各种机电产品，已经成了第一大类出口商品。
让·保罗：	中国传统大宗出口商品，如纺织服装、轻工工艺品，现在都提高了档次，向成品化、品牌化发展了，所以成交额也很大。
山口武夫：	广交会是中外经贸交往的重要场所，展示中国建设成就的重要窗口，确实是越办越好了。
钱月娟：	参加广交会的中外客商也越来越多了。
让·保罗：	广交会是我们中外商人的共同盛会，来，为我们相聚在广交会干杯！

新 词 语　*New Words and Phrases*

1. 广交会	Guǎngjiāohuì	the Guangzhou Export Commodities Fair
2. 设立	shèlì	to establish
3. 展台	zhǎntái	display stand
4. 簇拥	cùyōng	to cluster round
5. 版	bǎn	edition
6. 参展	cānzhǎn	to participate in an exhibition

7.	展区	zhǎnqū	exhibition zone
8.	盛会	shènghuì	grand fair or meeting
9.	创办	chuàngbàn	to set up; to esbablish
10.	层次	céngcì	level
11.	名不虚传	míngbùxūchuán	to have a well-deserved reputation
12.	举办	jǔbàn	to hold
13.	届	jiè	(a measure word)
14.	突破	tūpò	to break through
15.	附加值	fùjiāzhí	additional value
16.	主导	zhǔdǎo	dominant
17.	密集	mìjí	concentrated; thick
18.	自行	zìxíng	by oneself
19.	纺织	fǎngzhī	spinning and weaving; textile
20.	轻工	qīnggōng	light industry
21.	工艺品	gōngyìpǐn	handicraft article
22.	档次	dàngcì	grade
23.	交往	jiāowǎng	to contact
24.	成就	chéngjiù	achievement
25.	相聚	xiāngjù	to gather; to get together

第四十八集　人才工程

（在燕南大学，学校领导和李一民等正在座谈，商谈双方合作，开展一项人才工程。双方同意用联合办学的形式，为中国培养现代企业的高级管理人才和员工。）

（热烈的掌声）

李一民：谢谢！谢谢燕南大学的各位领导和专家教授们！

秦仲叔：李先生向我表示，环球家电公司愿与我校合作，实施一项人才工程。

李一民：我们知道，中国有一项"希望工程"，是为了帮助青少年能获得良好的教育。

杰　克："希望工程"在世界上得到了普遍赞赏。

秦仲叔：中国正在建设社会主义市场经济，各方面都需要现代化人才。

杰　克：我们在中国投资兴建的三资企业，已经开展了多种人才培训。

苏丹青：请问，你们这么重视人才培训的目的是什么呢？

杰　克：我们兴办的三资企业，都是高科技企业，对工人的知识结构要求很高。

钱玉婷：工人的文化程度一般都比较低，他们不学习就很难上岗。

杰　克：我们更要为他们重新设计人生。

（众人议论）

杰　克：啊，请不要奇怪。我的意思是，要改变他们已经走熟了的终身职业道路。

李一民：现代科学技术日新月异，经济产业结构在不断调整。

安　娜：一些旧的产业萎缩或消失了，一些新的产业出现了、繁荣起来了。

李一民：未来的劳动市场，将要求每一个人都具有从一种职业转到另一种职业的能力。

杰　克：工人转岗，人才流动，将是一个不变的法则。

钱玉婷： 我们更需要市场经济和现代企业的高级管理人才。

李一民： 所以,我们希望与贵校合作,联合办一所国际工商管理学院。

齐树人： 开设什么课程?

杰　克： 比如,经营决策分析,企业战略与规划,市场营销管理等 MBA 课程。

李一民： 我们将聘请哈佛大学、麻省大学的著名教授来讲学。

苏丹青： 这样办学需要很大投入。

李一民： 我们打算每年投入 100 万美元。

（众人低语议论）

鲁继圣： 学生来源呢?

杰　克： 政府职能部门的官员,有三年以上管理经验的企业在职人员。

鲁继圣： 学员出路呢?

杰　克： 这些熟悉中国国情、又懂现代企业管理的人才,将在中国的三资企业中发挥特殊作用。

安　娜： 我听说,中国有一句话,叫"外来的和尚好念经",其实本地和尚念的才是真经!

（众笑）

新 词 语　*New Words and Phrases*

1.	工程	gōngchéng	project
2.	座谈	zuòtán	to discuss
3.	联合	liánhé	to unite
4.	培养	péiyǎng	to train
5.	专家	zhuānjiā	expert
6.	教授	jiàoshòu	professor
7.	良好	liánghǎo	good
8.	教育	jiàoyù	educate; education
9.	普遍	pǔbiàn	common; generally
10.	改变	gǎibiàn	to change

11.	职业	zhíyè	profession
12.	日新月异	rìxīn-yuèyì	to change with each passing day
13.	萎缩	wěisuō	to wither
14.	消失	xiāoshī	to disappear
15.	转岗	zhuǎngǎng	to take up a new job
16.	流动	liúdòng	to circulate
17.	法则	fǎzé	law; rule
18.	开设	kāishè	to establish; to start
19.	课程	kèchéng	subject
20.	聘请	pìnqǐng	to invite
21.	讲学	jiǎngxué	to give lectures on an academic subject
22.	来源	láiyuán	source
23.	职能	zhínéng	function
24.	在职	zàizhí	on the job; at one's post
25.	出路	chūlù	way out
26.	和尚	héshang	monk
27.	念经	niànjīng	to chant scriptures
28.	本地	běndì	this locality

跨国文化

（肯特先生是阳光惠民合资企业的外方经理，一年任期到期后，被企业解聘了，朋友们在某饭店为他送行。席间，他们谈起了各自在中国生活、工作的体验。）

（送别宴会正在进行中）

肯　特：（举杯）朋友们，大家为我举行这样一个送别晚宴，我非常感谢！现在，请允许我敬大家一杯酒！

乔森纳：这是中国人的敬酒习惯，肯特先生也学会了。好，大家就领情吧，举杯！

安　娜：乔森纳先生也很熟悉中国人的习惯嘛。（模仿乔森纳）瞧，"大家就领情吧！"多么地道的中国话！

（众笑）

钱玉婷：我看，你们都是中国通了！

乔森纳：在中国生活、工作，不懂一点中国的文化、民情，怎么行？

肯　特：是啊，这正是我的深刻教训！

李一民：肯特先生不必伤感，这是跨国经营都会遇到的问题。

杰　克：在中国，这个问题就显得更突出。

刘天柱：中国有几千年的传统文化，东西方文化差异又很大，跨国经营中的文化冲突，在中国自然会显得更尖锐些。

钱玉婷：所以，在三资企业中，中外双方都需要一个"磨合"过程。

肯　特：钱小姐说得对。我就没有安全度过这个"磨合期"。

杰　克：可是，我还是不理解，肯特先生，你究竟为什么被董事会解聘了呢？

李一民：是啊。你为人好，工作认真负责，有丰富的企业管理经验，怎么会被炒了呢？

肯　特：我想，问题主要出在我对跨国经营的文化管理准备不足。

玛　丽：	主要表现在哪些方面？
肯　特：	我不懂汉语，语言障碍和翻译不准，常常造成误会。
乔森纳：	你没有加速推进人才本地化策略吗？
肯　特：	没有。我试图完全按照我们国家的模式，经营管理这个合资企业。
乔森纳：	啊，这恐怕就是你的最大失误了！
钱月娟：	乔森纳先生在中国的合资企业经营得很好，一定有非常成功的经验。你是怎么做的呢？
乔森纳：	（举杯自饮，不无得意而又自谦地）
	啊，哪里！哪里！
安　娜：	瞧，乔森纳先生多像一个中国人！
乔森纳：	这是中国人的谦逊美德，哈，哈，哈……
玛　丽：	你还是别谦虚了，就直说吧！
乔森纳：	其实也很简单，尽量理解他们，他们也尽量理解我。
钱月娟：	我相信，合资企业的中外双方都有这个愿望和诚意。
乔森纳：	双方都应该努力学习和了解对方的社会、经济、文化。
刘天柱：	在这个基础上，建立相互尊重、相互理解的协调机制。
李一民：	啊，时间不早了，大家举杯，祝肯特先生回国途中一路顺风。干杯！
众：	干杯！

新 词 语　*New Words and Phrases*

1.	任期	rènqī	tenure of office
2.	送行	sòngxíng	to see off
3.	体验	tǐyàn	experience
4.	送别	sòngbié	to see off
5.	敬酒	jìngjiǔ	to drink a toast
6.	领情	lǐngqíng	to accept an offer; to appreciate somebody's kindness
7.	伤感	shānggǎn	to feel sad

146

8.	突出	tūchū	prominent
9.	显得	xiǎnde	seem; appear
10.	尖锐	jiānruì	sharp; incisive
11.	磨合	móhé	to suit; to get used to
12.	过程	guòchéng	process
13.	度过	dùguò	to pass
14.	为人	wéirén	to conduct oneself
15.	被炒	bèichǎo	to be dismissed
16.	障碍	zhàng'ài	obstacle
17.	试图	shìtú	to try
18.	谦逊	qiānxùn	modest
19.	谦虚	qiānxū	modest
20.	直说	zhíshuō	to say bluntly
21.	其实	qíshí	as a matter of fact
22.	简单	jiǎndān	simple
23.	尽量	jǐnliàng	to do one's best
24.	社会	shèhuì	society
25.	一路顺风	yílù-shùnfēng	have a pleasant journey

 **前景展望**

(圣诞之夜，外商投资企业协会举行联欢会，在华各国企业家和一些中国朋友应邀参加。短暂的座谈之后，在欢乐的节日气氛和优美的音乐声中，人们翩翩起舞。)

乔森纳： 女士们！先生们！今天是圣诞之夜，祝大家圣诞快乐！

众： 圣诞快乐！

乔森纳： 我们在华的外商投资企业协会，举行这样一个盛大的联欢会，谢谢各位光临！

让·保罗： 谢谢主席先生给我们这样一个机会！

乔森纳： 今天，除了来自世界各国的企业家，我们还邀请了一些中国的同行和朋友。

钱月娟： 祝各位节日快乐！

乔森纳： 女士们，先生们，世界各国在中国的投资企业已超过了15万家，绝大多数都经营得很好，销售额和利润都在逐年增加。

迈克： 对，我们都很成功！

约翰： 所以，我们应该先干一杯，祝贺我们大家的成功！

乔森纳： 让我们也祝贺中国改革开放的成功，干杯！

众： 干杯！

李一民： 中国在进一步扩大对外开放，实行积极、有效地利用外资的政策。

钱月娟： 我们将在更广泛的领域积极参与国际经济分工与合作。

刘天柱： 我们的对外贸易不只是货物进出口贸易，还包括技术贸易和服务贸易。

安娜： 中国已经开放了餐饮、旅游等服务业。

刘天柱： 我们还将稳步开放银行、保险、商业零售、外贸等领域的服务业。

约　翰：	中国允许中外合资兴办对外贸易公司。经营人民币业务的外资银行也已经开业。
钱月娟：	我国政府将继续改善利用外资的环境。
约　翰：	我最感兴趣的是中国的法制建设。
安　娜：	你这位大律师,时刻不忘法律武器!
约　翰：	我要是放下武器,谁来保护我们这位漂亮小姐啊?
山口武夫：	我愿效劳!
钱玉婷：	山口先生,别自作多情了,我们安娜小姐,早已是名花有主啰! (众笑)
约　翰：	说正经的,我确实注意到,中国正在借鉴国际规范,建设自由、公平的市场竞争秩序。
让·保罗：	我非常高兴,中国的市场经济正在走向成熟!
乔森纳：	现在,越来越多的国家加入世界贸易组织,国际信息互联网络正在迅速覆盖全球,经济全球化已是不可避免。
迈　克：	中国经济的国际化趋势日益明显。
山口武夫：	中国需要世界!
钱月娟：	中国需要世界,世界也需要中国!
乔森纳：	钱女士说得好! 希望大家像中国人说的那样,在互相尊重、平等互利的基础上,发展我们同中国的经济交流与合作!
李一民：	我相信,我们的前景将是一片光明!
乔森纳：	好,为光明的未来,干杯!
众：	干杯!
乔森纳：	现在,请大家跳舞!

新 词 语　*New Words and Phrases*

1.	展望	zhǎnwàng	to look into the future
2.	圣诞	shèngdàn	Christmas
3.	联欢	liánhuān	to have a get-together

4.	短暂	duǎnzàn	short
5.	欢乐	huānlè	happy
6.	节日	jiérì	festival
7.	优美	yōuměi	beautiful (music)
8.	音乐	yīnyuè	music
9.	翩翩起舞	piānpiānqǐwǔ	to dance trippingly
10.	广泛	guǎngfàn	broad; extensive
11.	领域	lǐngyù	field
12.	分工	fēngōng	division of work
13.	餐饮	cānyǐn	the catering trade
14.	旅游	lǚyóu	tourism; tour
15.	允许	yǔnxǔ	to permit; to allow
16.	法制	fǎzhì	legal system
17.	时刻	shíkè	at any moment
18.	武器	wǔqì	weapon
19.	效劳	xiàoláo	to render one's service
20.	自作多情	zìzuò-duōqíng	to show affection toward an opposite sex
21.	名花有主	mínghuāyǒuzhǔ	A beautiful lady has her beloved
22.	借鉴	jièjiàn	to use for reference
23.	秩序	zhìxù	order
24.	迅速	xùnsù	quickly
25.	覆盖	fùgài	to cover
26.	全球化	quánqiúhuà	to globalize
27.	平等	píngděng	equal; equality
28.	光明	guāngmíng	bright

词 语 表 *Vocabulary*

A

挨骂	áimà	to be blamed	(16)
安排	ānpái	to arrange; arrangement	(1)
安全	ānquán	secure; safety	(5)
案件	ànjiàn	legal case	(11)
按期	ànqī	on schedule	(12)

B

罢工	bàgōng	to go on strike	(8)
摆阔	bǎikuò	to be ostentatious and extravagant	(26)
拜访	bàifǎng	to call upon; to visit	(22)
版	bǎn	edition	(47)
办公	bàngōng	to handle official business	(38)
办理	bànlǐ	to handle; to go about	(4)
办事	bànshì	to handle affairs	(38)
包袱	bāofu	burden; load	(30)
包括	bāokuò	to include	(10)
包装	bāozhuāng	pack; package	(7)
保持	bǎochí	to keep	(13)
保兑	bǎoduì	to guarantee to cash	(6)
保护	bǎohù	to protect	(20)
保留	bǎoliú	to reserve	(36)
保密	bǎomì	to keep secret	(34)
保险	bǎoxiǎn	insurance	(4)
保修	bǎoxiū	to guarantee to keep something in good repair	(19)
保证	bǎozhèng	guarantee	(20)
保质	bǎozhì	value guarantee	(45)
报表	bàobiǎo	report forms	(44)

报酬	bàochou	reward; pay	(14)
报告	bàogào	to report	(38)
报关	bàoguān	to declare something at customs	(9)
报盘	bàopán	to offer; quoted price	(4)
报验	bàoyàn	to report to the authorities for examination	(10)
背景	bèijǐng	background	(14)
被炒	bèichǎo	to be dismissed	(49)
奔	bēn	to head for	(26)
奔驰	bēnchí	to run quickly; to speed on	(29)
奔命	bēnmìng	to rush about	(9)
本事	běnshi	ability; capability	(26)
笔误	bǐwù	a slip in writing	(12)
比例	bǐlì	proportion	(32)
比喻	bǐyù	metaphor; figure of speech	(28)
彼此	bǐcǐ	mutual; each other	(6)
必然	bìrán	necessary	(41)
必要	bìyào	necessary	(21)
毕业	bìyè	to graduate	(41)
避免	bìmiǎn	to avoid	(41)
编制	biānzhì	to work out	(38)
变动	biàndòng	to change	(35)
变革	biàngé	to transform	(43)
变化	biànhuà	change	(31)
遍布	biànbù	to be all over	(19)
标的	biāodì	minimum price at which one tenders for sth.	(30)
标书	biāoshū	tender	(40)
标志	biāozhì	symbol; mark	(5)
标识	biāozhì	label; mark	(18)
标准	biāozhǔn	standard	(23)
表达	biǎodá	to express	(6)
表示	biǎoshì	to express	(3)

152

表现	biǎoxiàn	to display	(41)
别墅	biéshù	villa	(16)
别扭	bièniu	at odds	(40)
宾至如归	bīnzhì-rúguī	a place where visitors feel at home	(21)
并购	bìnggòu	to annex by purchasing	(33)
并轨	bìngguǐ	to unify	(22)
播映	bōyìng	to broadcast a TV programme	(17)
博爱	bó'ài	universal love; fraternity	(21)
博士生	bóshìshēng	doctorate candidate	(41)
补救	bǔjiù	to remedy	(19)
补足	bǔzú	to make up a deficiency; to fill	(40)
不断	búduàn	continuously	(42)
不可抗力	bùkěkànglì	irresistible power	(7)
不言而喻	bùyán'éryù	self-evident; it goes without saying	(24)
不足	bùzú	insufficient	(44)
部分	bùfen	part	(25)

C

才能	cáinéng	talent and capability	(41)
材料	cáiliào	material	(24)
财产	cáichǎn	property	(10)
财务	cáiwù	finance	(32)
采购	cǎigòu	to purchase	(18)
采用	cǎiyòng	to use; to adopt	(4)
参股	cāngǔ	to purchase shares	(33)
参加	cānjiā	to participate; to take part in	(28)
参谋	cānmóu	to give advice	(44)
参与	cānyù	to participate in	(42)
参展	cānzhǎn	to participate in an exhibition	(47)
餐饮	cānyǐn	the catering trade	(50)
残酷	cánkù	cruel	(1)
仓储	cāngchǔ	to keep in a storehouse	(9)

仓至仓	cāngzhìcāng	from hold to hold	(8)
操作	cāozuò	to operate; to manipulate	(18)
草坪	cǎopíng	lawn	(16)
策划	cèhuà	to plan; to plot	(16)
策略	cèlüè	tactics	(21)
曾经	céngjīng	once	(13)
层次	céngcì	level	(47)
差异	chāyì	difference	(39)
查验	cháyàn	to check	(9)
产品	chǎnpǐn	product	(3)
产权	chǎnquán	property right	(36)
产业	chǎnyè	industry	(30)
常驻	chángzhù	permanent	(24)
厂房	chǎngfáng	factory building	(29)
场所	chǎngsuǒ	place	(17)
唱戏	chàngxì	to perform; to sing and act in an opera	(28)
畅通	chàngtōng	unblocked	(32)
超过	chāoguò	to surpass; to go beyond	(25)
超级市场	chāojí-shìchǎng	supermarket	(14)
潮流	cháoliú	tide	(14)
炒股	chǎogǔ	to speculate in shares	(46)
车间	chējiān	workshop	(43)
车辆	chēliàng	vehicles	(29)
扯平	chěpíng	to get even with	(11)
撤销	chèxiāo	to cancel	(6)
陈旧	chénjiù	out-of-date; old-fashioned	(32)
陈列	chénliè	to display	(5)
称心	chènxīn	satisfactory	(19)
成本	chéngběn	cost	(4)
成绩	chéngjì	achievements	(36)
成交	chéngjiāo	to conclude a transaction	(5)

154

成就	chéngjiù	achievement	(47)
成立	chénglì	to establish; to hold water	(23)
成品	chéngpǐn	finished product	(43)
成熟	chéngshú	mature; ripe	(35)
成套	chéngtào	complete sets	(18)
成为	chéngwéi	to become	(26)
成效	chéngxiào	result; effect	(34)
诚实	chéngshí	sincere; honest	(34)
诚信	chéngxìn	sincere and faithful	(21)
诚意	chéngyì	sincerity	(6)
承保	chéngbǎo	to undertake to provide insurance	(8)
承担	chéngdān	to shoulder; to be responsible for	(7)
承办	chéngbàn	to undertake	(24)
承诺	chéngnuò	to promise; commitment	(14)
承认	chéngrèn	to admit	(23)
呈报	chéngbào	to submit a report	(38)
呈现	chéngxiàn	to appear	(25)
乘机	chéngjī	to take the opportunity of	(46)
程序	chéngxù	procedure	(11)
吃惊	chījīng	to surprise; surprising	(9)
驰名	chímíng	famous	(28)
充分	chōngfèn	fully	(32)
充满	chōngmǎn	to be filled with	(21)
充其量	chōngqíliàng	at most; at best	(27)
冲动	chōngdòng	impulse	(17)
冲突	chōngtū	conflict	(41)
重新	chóngxīn	again	(43)
崇拜	chóngbài	to worship	(17)
抽检	chōujiǎn	to sample; sampling examination	(10)
筹措	chóucuò	to raise (a fund)	(32)
筹集	chóují	to raise	(44)

筹建	chóujiàn	to plan to build	(30)
出单	chūdān	to issue	(12)
出发	chūfā	to start from; to set off	(25)
出路	chūlù	way out	(48)
出任	chūrèn	to take up the post of	(16)
出色	chùsè	out standing	(16)
出现	chūxiàn	to appear	(34)
出洋相	chū yángxiàng	to make an exhibition of oneself	(31)
初步	chūbù	preliminary; tentative	(20)
处理	chǔlǐ	to treat; to handle	(20)
处置	chǔzhì	to handle; to deal with	(44)
储存	chǔcún	to store; storage	(18)
传播	chuánbō	to spread over	(17)
传统	chuántǒng	tradition	(21)
船舷	chuánxián	side of a ship	(7)
创办	chuàngbàn	to set up ; to establish	(47)
创业	chuàngyè	to start an undertaking	(33)
创意	chuàngyì	creativity; novel ideas	(17)
创造	chuàngzào	to create	(18)
次品	cìpǐn	substandard goods	(43)
刺激	cìjī	to stimulate; to irritate	(26)
聪明	cōngming	clever	(13)
从前	cóngqián	in the past	(26)
从容	cóngróng	calm; unhurried	(23)
粗放	cūfàng	extensive	(45)
粗俗	cūsú	vulgar	(17)
促进	cùjìn	to promote	(36)
促销	cùxiāo	to promote sales	(16)
簇拥	cùyōng	to cluster round	(47)
存量	cúnliàng	capacity of storage	(45)
存在	cúnzài	to exist	(27)

156

| 磋商 | cuōshāng | to discuss | (6) |
| 错过 | cuòguò | to miss | (34) |

D

搭档	dādàng	partner	(16)
搭台	dātái	to put up a stage	(28)
答复	dáfù	to reply	(20)
达成	dáchéng	to reach; to conclude	(6)
打动	dǎdòng	to move; to appeal to	(17)
打工	dǎgōng	to do a part-time job	(31)
打交道	dǎjiāodao	to deal with	(35)
打扰	dǎrǎo	to disturb	(1)
打入	dǎrù	to export to	(32)
大概	dàgài	probably	(41)
大力	dàlì	energetic	(18)
大宗	dàzōng	large quantity	(23)
代表	dàibiǎo	representative; deputy	(16)
代表处	dàibiǎochù	deputy office	(24)
代理	dàilǐ	to act on behalf of somebody	(13)
代理商	dàilǐshāng	business agent	(13)
带领	dàilǐng	to take the lead	(29)
贷款	dàikuǎn	to loan; loan	(15)
待遇	dàiyù	remuneration; treatment	(41)
单独海损	dāndúhǎisǔn	single maritime damage	(8)
单证	dānzhèng	bills and documents	(7)
担心	dānxīn	to worry	(7)
担忧	dānyōu	to worry	(5)
耽误	dānwu	to delay	(37)
但愿	dànyuàn	if only	(7)
当初	dāngchū	then; at that time	(12)
档次	dàngcì	grade	(47)
倒霉	dǎoméi	have bad luck	(35)

到期	dàoqī	due; to expire	(37)
盗窃	dàoqiè	to steal; theft	(8)
道路	dàolù	road	(31)
道歉	dàoqiàn	to apologize	(20)
得力	délì	competent; capable	(30)
得体	détǐ	appropiate	(17)
登记	dēngjì	to register	(24)
低下	dīxià	low	(17)
抵押	dǐyā	mortgage; to raise a mortgage on something	(35)
地道	dìdao	typical; genuine	(3)
地区	dìqū	area; region	(37)
地位	dìwèi	position	(13)
地域性	dìyùxìng	locality	(37)
点子	diǎnzi	heart of the matter	(44)
电传	diànchuán	telex	(28)
电器	diànqì	electrical appliance	(3)
调查	diàochá	to investigate	(20)
调研	diàoyán	to investigate and research	(25)
掉头	diàotóu	to back; to turn back	(31)
顶	dǐng	to go against	(45)
定位	dìngwèi	fixed position	(27)
订舱	dìngcāng	to make reservations for shipping	(7)
订购	dìnggòu	to order	(4)
订货	dìnghuò	to order goods	(4)
丢掉	diūdiào	to lose	(35)
动力	dònglì	motive power	(32)
动人	dòngrén	touching	(17)
动向	dòngxiàng	trend; tendency	(23)
动心	dòngxīn	touching; moving	(25)
独立	dúlì	independent	(18)
独特	dútè	unique	(39)

独资	dúzī	exclusive investment	(22)
堵车	dǔchē	traffic jam	(37)
度过	dùguò	to pass	(49)
度假	dùjià	go vacationing	(18)
杜绝	dùjué	to put an end to	(43)
端正	duānzhèng	to rectify; correct	(21)
短暂	duǎnzàn	short	(50)
对待	duìdài	towards	(21)
对路	duìlù	to satisfy the needs; suitable	(42)
对手	duìshǒu	opponent; match	(1)
兑现	duìxiàn	to fulfill ; to honour a commitment	(19)
兑换	duìhuàn	to exchange	(22)
多重	duōchóng	multi-; varied	(22)
多媒体	duōméitǐ	multi-media	(19)
多式联运	duōshìliányùn	through transport in varied froms	(7)
多余	duōyú	surplus	(5)
多元	duōyuán	diversified; pluralistic	(34)

F

发挥	fāhuī	to bring into play	(31)
发货	fāhuò	to send out goods	(5)
发明	fāmíng	to invent; invention	(37)
发票	fāpiào	invoice	(7)
发起	fāqǐ	to start	(23)
发生	fāshēng	to happen; to take place	(31)
发现	fāxiàn	to find out	(21)
发行	fāxíng	to issue	(45)
发展	fāzhǎn	to develop; development	(2)
法定	fǎdìng	legal	(10)
法规	fǎguī	laws and regulations	(30)
法律	fǎlǜ	law	(12)
法院	fǎyuàn	court	(36)

法则	fǎzé	law; rule	(48)
法制	fǎzhì	legal system	(50)
繁忙	fánmáng	busy	(7)
繁荣	fánróng	prosperous	(2)
反感	fǎngǎn	to be averse to ; to feel disgusted with	(17)
反馈	fǎnkuì	to feedback	(14)
反目成仇	fǎnmù-chángchóu	to have a fallingout and hatred	(35)
反映	fǎnyìng	to reflect	(23)
返修	fǎnxiū	to repair again; to return for repairing	(5)
范围	fànwéi	scope; limit	(8)
犯罪	fànzuì	to commit a crime	(43)
方案	fāng'àn	scheme; plan	(27)
方便	fāngbiàn	convenient	(22)
方式	fāngshì	form; way	(6)
方向	fāngxiàng	direction	(25)
访问	fǎngwèn	to visit	(8)
纺织	fǎngzhī	spinning and weaving; textile	(47)
放弃	fàngqì	to give up	(15)
放心	fàngxīn	to rest assured	(5)
放行	fàngxíng	to check out ; clearance	(9)
非法	fēifǎ	illegal	(40)
非凡	fēifán	outstanding; uncommon	(28)
费用	fèiyòng	expenses; cost	(7)
分寸	fēncun	sense of propriety	(45)
分工	fēngōng	division of work	(50)
分红	fēnhóng	to receive dividends	(46)
分配	fēnpèi	to distribute	(32)
分手	fēnshǒu	to part company	(13)
分析	fēnxī	to analyze; analysis	(27)
纷纷	fēnfēn	one after another	(30)
份额	fèn'é	share; portion	(27)

奋斗	fèndòu	to struggle	(45)
愤怒	fènnù	angry	(43)
风度	fēngdù	poise; manner; bearing	(34)
风景	fēngjǐn	scenery	(28)
风浪	fēnglàng	wind and wave	(45)
风险	fēnxiǎn	risk	(7)
丰厚	fēnghòu	generous; ample	(41)
否认	fǒurèn	to deny	(34)
服务	fúwù	to serve; service	(16)
符合	fúhé	to accord with	(7)
浮动	fúdòng	to float	(22)
幅度	fúdù	range; extent	(9)
福利	fúlì	welfare; material benefits	(41)
福气	fúqì	good fortune; a happy lot	(26)
辅助	fǔzhù	supplementary	(18)
付款	fùkuǎn	to pay	(6)
附加险	fùjiāxiǎn	additional insurance	(8)
附加值	fùjiāzhí	additional value	(47)
负责	fùzé	to be responsible for	(39)
复检权	fùjiǎnquán	right of reexamination	(11)
复杂	fùzá	complicated	(9)
覆盖	fùgài	to cover	(50)

G

改变	gǎibiàn	to change	(48)
改革	gǎigé	reform	(31)
改进	gǎijìn	to improve	(44)
改日	gǎirì	to make it some other day	(15)
改造	gǎizào	to transform	(32)
甘愿	gānyuàn	willing	(15)
感情	gǎnqíng	feeling; emotion	(4)
感受	gǎnshòu	to experience; experience	(2)

161

高雅	gāoyǎ	elegant	(17)
胳膊肘	gēbozhǒu	elbow	(5)
各色	gèsè	of all kinds	(41)
根本	gēnběn	fundamental; totally	(31)
跟踪	gēnzōng	to spy on ; to follow the tracks of	(25)
更新	gēngxīn	to renew; to replace	(13)
工程	gōngchéng	project	(48)
工艺品	gōngyìpǐn	handicraft article	(47)
工资	gōngzī	salaries; wages	(30)
工作狂	gōngzuòkuáng	to be crazy about one's work	(40)
功能	gōngnéng	function	(27)
公安	gōng'ān	(bureau of)public security	(38)
公布	gōngbù	to promulgate	(46)
公告	gōnggào	public notice ; proclamation	(23)
公关	gōngguān	public relations	(16)
公开	gōngkāi	to open	(30)
公平	gōngpíng	fair; just	(1)
公认	gōngrèn	generally accept	(11)
公司	góngsī	company; firm	(1)
公约	gōngyuē	convention	(36)
公正	gōngzhèng	just; fair	(11)
公证	gōngzhèng	notarization	(36)
公众	gōngzhòng	the general public ; masses	(16)
供货	gōnghuò	to provide goods	(18)
构成	gòuchéng	to constitute	(23)
构思	gòusī	idea; concept	(32)
购买欲	gòumǎiyù	desire of purchase	(17)
购销两旺	gòuxiāo-liǎngwàng	brisk buying and selling	(25)
估计	gūjì	to estimate	(25)
估量	gūliang	to estimate; to reckon	(27)
姑爷	gūye	son-in-law	(26)

股东	gǔdōng	shareholder	(33)
股份	gǔfèn	share	(33)
股民	gǔmín	share holder	(46)
股票	gǔpiào	stock; share	(46)
股权	gǔquán	the holding of shares	(45)
股市	gǔshì	stock market	(46)
股息	gǔxī	dividend	(22)
鼓动	gǔdòng	to arouse; to agitate	(17)
鼓励	gǔlì	to encourage	(40)
鼓舞	gǔwǔ	to encourage; encouragement	(2)
顾虑	gùlǜ	to worry	(30)
顾客至上	gùkè-zhìshàng	customers first	(21)
关键	guānjiàn	key; crux	(21)
关税	guānshuì	customs duty	(9)
观察	guānchá	to observe	(6)
观摩	guānmó	to inspect and learn from	(17)
观念	guānniàn	idea; concept	(26)
观赏	guānshǎng	to watch and enjoy	(28)
观众	guānzhòng	audience	(17)
官司	guānsi	lawsuit	(11)
官员	guānyuán	official	(16)
管理	guǎnlǐ	to manage	(14)
惯例	guànlì	convention	(6)
冠名	guànmíng	to name after	(15)
光洁	guāngjié	smooth finish	(5)
光临	guānglín	to be honoured with one's presence	(16)
光明	guāngmíng	bright	(50)
广泛	guǎngfàn	broad; extensive	(50)
广告	guǎnggào	advertisement; to advertise	(17)
广交会	guǎngjiāohuì	the Guangzhou Export Commodities Fair	(47)

163

广阔	guǎngkuò	broad; vast; wide	(1)
规定	guīdìng	to stipulate; regulation	(7)
规范	guīfàn	standard	(18)
规模	guīmó	scale	(29)
国情	guóqíng	national conditions	(21)
果然	guǒrán	sure enough	(23)
过程	guòchéng	process	(6)
过渡	guòdù	transition	(41)
过奖	guòjiǎng	to overpraise	(32)

H

海滨	hǎibīn	seaside	(40)
海关	hǎiguān	customhouse	(9)
海运	hǎiyùn	ocean shipping	(7)
害怕	hàipà	fear; to be afraid	(1)
含量	hánliàng	content	(32)
含蓄	hánxù	implicit; veiled	(29)
旱船	hànchuán	land boat(a Chinese folk dance)	(28)
行家	hángjia	expert	(5)
行列	hángliè	rank	(45)
行业	hángyè	trade	(35)
好意	hǎoyì	good intention; kindness	(5)
合法	héfǎ	legal	(21)
合格	hégé	qualified; up to standard	(5)
合理	hélǐ	reasonable	(4)
合同	hétong	contract	(6)
合资	hézī	joint venture	(22)
合作	hézuò	to cooperate	(15)
和尚	héshang	monk	(48)
核算	hésuàn	to calculate	(18)
核心	héxīn	core; kernel	(46)
衡量	héngliáng	to weigh; to judge	(23)

轰动	hōngdòng	to cause a sensation	(16)
红火	hónghuo	foluring	(21)
红利	hónglì	bonus	(22)
宏观	hóngguān	macro-	(44)
后顾之忧	hòugùzhīyōu	fear of disturbance in the rear	(19)
忽视	hūshì	to ignore	(39)
胡同	hútong	lane	(26)
湖畔	húpàn	lakeside	(28)
花园	huāyuán	garden	(16)
化纤	huàxiān	chemical fibre	(29)
话题	huàtí	topic	(13)
划分	huàfēn	to divide	(8)
怀疑	huáiyí	to doubt; to suspect	(19)
欢乐	huānlè	happy	(50)
还盘	huánpán	counter offer	(4)
环节	huánjié	link; sector	(6)
环境	huánjìng	environment	(1)
缓缓	huǎnhuǎn	slowly; unhurried	(31)
换代	huàndài	to regenerate	(42)
回报	huíbào	to repay	(29)
回避	huíbì	to avoid	(8)
会谈	huìtán	to talk; to negotiate	(4)
会晤	huìwù	to meet	(3)
汇报	huìbào	to report	(10)
汇率	huìlǜ	rate of exchange	(22)
活动	huódòng	activity	(28)
活力	huǒlì	energy	(42)
活跃	huóyuè	brisk; dynamic; to enliven	(28)
火爆	huǒbào	vigorous	(39)
火气	huǒqì	anger	(37)
伙伴	huǒbàn	partner; companion	(13)

获得	huòdé	to get	(37)
货币	huòbì	currency	(22)
货款	huòkuǎn	money for buying or selling goods	(35)
货物	huòwù	goods	(7)

J

几乎	jīhū	almost	(14)
机构	jīgòu	organization; setup	(11)
机会	jīhuì	opportunity	(32)
机器	jīqì	machine	(29)
机械	jīxiè	machinery	(29)
机遇	jīyù	chance	(14)
机制	jīzhì	mechanism	(23)
积极	jījí	actively	(23)
基本	jīběn	basic	(18)
基地	jīdì	base	(27)
基金	jījīn	fund	(22)
激光	jīguāng	laser	(20)
激烈	jīliè	fierce; intense	(1)
即将	jíjiāng	to be about	(40)
即使	jíshǐ	even if	(11)
及时	jíshí	on time	(14)
极力	jílì	to do one's utmost	(14)
集会	jíhuì	rally; gathering	(34)
集体	jítǐ	collective	(38)
集团	jítuán	group	(29)
集约	jíyuē	intensive	(45)
集中	jízhōng	to concentrate on ; to focus	(13)
集装箱	jízhuāngxiāng	container	(7)
嫉妒	jìdu	to envy; to be jealous	(2)
计划	jìhuà	plan; to plan	(17)
计入	jìrù	to include; to put into	(30)

计算	jìsuàn	to calculate	(8)
计算机	jìsuànjī	computer	(1)
记录	jìlù	to record; record	(35)
继续	jìxù	to continue	(4)
加紧	jiājǐn	to intensify	(34)
加强	jiāqiáng	to strengthen	(44)
加速	jiāsù	to speed up	(26)
佳宾	jiābīn	honoured guest	(27)
假冒伪劣	jiǎmào-wěiliè	fake, imitation and bad	(20)
价格	jiàgé	price	(4)
价值	jiàzhí	value	(26)
嫁人	jiàrén	to marry (of a woman)	(3)
尖刻	jiānkè	biting	(2)
尖锐	jiānruì	sharp; incisive	(49)
坚持	jiānchí	to insist on	(4)
坚定	jiāndìng	firm; steadfast	(45)
监督	jiāndū	to supervise	(46)
艰苦	jiānkǔ	hard	(33)
兼并	jiānbìng	to annex; to merge into	(45)
减肥	jiǎnféi	to slim	(10)
检测	jiǎncè	to examine and test	(19)
检查	jiǎnchá	to examine	(10)
检索	jiǎnsuǒ	reference; to retrieve	(37)
检验	jiǎnyàn	to inspect	(10)
简单	jiǎndān	simple	(49)
简况	jiǎnkuàng	brief information	(24)
简历	jiǎnlì	curriculum vitae	(24)
简直	jiǎnzhí	simply	(9)
见识	jiànshi	knowledge; experience	(38)
间歇	jiànxiē	interval	(18)
建立	jiànlì	to establish	(15)

建设	jiànshè	to build; construction	(34)
建议	jiànyì	to suggest	(4)
健身	jiànshēn	physical exercise; to keep fit	(39)
僵局	jiāngjú	deadlock	(33)
讲学	jiǎngxué	to give lectures on an academic subject	(48)
交货	jiāohuò	to deliver goods	(6)
交流	jiāoliú	to exchange; to interflow	(41)
交纳	jiāonà	to pay	(10)
交谈	jiāotán	to chat; to talk with	(7)
交往	jiāowǎng	to contact	(47)
骄傲	jiāo'ào	to be proud of ; pride	(3)
侥幸	jiǎoxìng	by luck	(10)
教授	jiàoshòu	professor	(48)
教训	jiàoxùn	lesson	(43)
教育	jièoyù	deucate; education	(48)
接触	jiēchù	to contact	(3)
接待	jiēdài	to receive; reception	(8)
接收	jiēshōu	to receive	(45)
接受	jiéshòu	to accept	(10)
节日	jiérì	festival	(50)
结构	jiégòu	structure	(30)
结果	jiéguǒ	result	(27)
结合	jiéhé	to combine	(21)
结婚	jiéhūn	to marry; marriage	(25)
结论	jiélùn	conclusion	(42)
截标	jiébiāo	deadline for a tender	(40)
竭尽全力	jiéjìn-quánlì	to do one's utmost	(23)
解决	jiějué	to solve	(25)
解聘	jiěpìn	to dismiss an employee	(42)
解释	jiěshì	to explain	(12)

介入	jièrù	to intervene	(33)
届	jiè	(a measure word)	(47)
届时	jièshí	when the time comes	(30)
借鉴	jièjiàn	to use for reference	(50)
借助	jièzhù	to make use of	(32)
尽快	jǐnkuài	as soon as possible	(15)
尽量	jǐnliàng	to do one's best	(49)
尽早	jǐnzǎo	at one's earliest convenience	(11)
紧迫感	jǐnpògǎn	a feeling of urgency	(32)
紧张	jǐnzhāng	tense	(29)
进度	jìndù	rate of progress	(9)
进展	jìnzhǎn	to progress; to make progress	(33)
近况	jìnkuàng	recent development	(13)
近似	jìnsì	similar	(36)
经济	jīngjì	economy; economics	(2)
经济师	jīngjìshī	economic master	(45)
经济特区	jīngjìtèqū	special economic zone	(29)
经理	jīnglǐ	manager; director	(1)
经销	jīngxiāo	to sell on commission; to deal in	(1)
经验	jīngyàn	experience	(16)
经营	jīngyíng	to manage; to engage in	(1)
精彩	jīngcǎi	excellent	(44)
精美	jīngměi	exquisite	(16)
精明	jīngmíng	shrewd	(37)
精神	jīngshén	spirit	(3)
精细	jīngxì	meticulous; careful	(5)
精心	jīngxīn	carefully	(16)
景色	jǐngsè	scenery	(31)
竞价	jìngjià	competitive price	(30)
竞买	jìngmǎi	to compete in purchasing	(30)
竞争	jìngzhēng	to compete; competition	(1)

敬酒	jìngjiǔ	to drink a toast	(49)
境地	jìngdì	condition; plight	(43)
净化	jìnghuà	to purify	(26)
纠纷	jiūfēn	dispute	(38)
救苦救难	jiùkǔ-jiùnàn	to help the needy and relieve the distressed	(5)
举办	jǔbàn	to hold	(47)
具备	jùbèi	to have; to possess	(13)
具体	jùtǐ	to specify; in details	(9)
具有	jùyǒu	to have	(38)
巨大	jùdà	treat	(31)
拒付	jùfù	to refuse to pay	(7)
拒绝	jùjué	to refuse	(4)
距离	jùlí	distance	(17)
聚会	jùhuì	to get together	(2)
聚集	jùjí	to gather	(43)
决策	juécè	to make policy; policy decision	(25)
决定	juédìng	to decide; decision	(6)
决心	juéxīn	determination; to be resolute	(13)
绝对	juéduì	absolute	(19)
抉择	juézé	to choose	(27)

K

开槌	kāichuí	to begin auction	(30)
开发	kāifā	to develop	(3)
开发区	kāifāqū	developing zone	(29)
开放	kāifàng	open to the outside	(31)
开设	kāishè	to establish; to start	(48)
开拓	kāituò	to open up	(13)
开业	kāiyè	to start one's business	(17)
开展	kāizhǎn	to develop	(20)
看法	kànfǎ	point of view	(44)
看好	kànhǎo	to have a good prospect	(1)

看中	kànzhòng	to be chosen	(19)
看重	kànzhòng	to regard as important	(42)
抗拒	kàngjù	to resist	(14)
考察	kǎochá	to inspect	(29)
考核	kǎohé	to check; to test	(9)
考虑	kǎolǜ	to consider	(8)
苛刻	kēkè	harsh; severe	(5)
可爱	kě'ài	lovely; lovable	(26)
可能	kěnéng	possible; maybe	(32)
可惜	kěxī	pity	(43)
可行	kěxíng	feasible; workable	(38)
课程	kèchéng	subject	(48)
空话	kōnghuà	empty talk; hollow words	(11)
空头	kōngtóu	dub; rubber	(19)
空运	kōngyùn	airlift	(7)
恐怕	kǒngpà	be afraid	(12)
控股	kònggǔ	share controlling	(33)
控制	kòngzhì	to control	(33)
夸	kuā	to praise	(30)
跨国	kuàguó	transnational	(45)
会计	kuàijì	accountant	(44)
快捷	kuàijié	quick	(28)
宽松	kuānsōng	free from worry; comfortably off	(22)
狂热	kuángrè	crazy	(17)
扩充	kuòchōng	to expand	(45)
扩大	kuòdà	to expand	(40)
扩股	kuògǔ	to expand by holding more shares	(33)

L

来往	láiwǎng	to come and to	(38)
来源	láiyuán	source	(48)
滥用	lànyòng	to abuse; to misuse	(23)

浪费	làngfèi	to waste	(26)
浪漫	làngmàn	romantic	(2)
捞	lāo	to make (money)	(46)
老百姓	lǎobǎixìng	common people	(46)
老实	lǎoshi	honest	(19)
乐意	lèyì	willing	(13)
冷落	lěngluò	to treat coldly	(10)
离婚	líhūn	to divorce	(13)
理财	lǐcái	to manage money matters	(44)
理解	lǐjiě	to understand	(2)
理念	lǐniàn	concept; idea	(39)
理赔	lǐpéi	to compensate for the loss or damage of what is insured	(8)
理想	lǐxiǎng	ideal	(1)
理由	lǐyóu	reason	(19)
立案	lì'àn	to place a case on file for investigation and prosecution	(23)
立项	lìxiàng	to prove as a project	(38)
利率	lìlǜ	rate of interest	(15)
利润	lìrùn	profit	(15)
利息	lìxī	interests	(44)
利益	lìyì	benefit	(20)
利用	lìyòng	to make use of	(16)
厉害	lìhài	shrewd	(4)
连锁店	liánsuǒdiàn	chain store	(14)
连续	liánxù	to continue	(46)
联合	liánhé	to unite	(48)
联欢	liánhuān	to have a get-together	(50)
联系	liánxì	to get into touch ; to contact	(17)
廉价	liánjià	cheap	(31)
恋爱	liàn'ài	to be in love (of a boy and a girl)	(2)

172

良好	liánghǎo	good	(48)
良机	liángjī	good opportunity	(34)
良性	liángxìng	benign	(45)
谅解	liàngjiě	to understand	(12)
了不起	liǎobuqǐ	great; terrific	(27)
了解	liǎojiě	to understand	(1)
灵活	línghuó	flexible	(15)
零部件	língbùjiàn	spare parts	(29)
零售	língshòu	to retail	(18)
领导	lǐngdǎo	to lead; leader	(18)
领情	lǐngqíng	to accept an offer; to appreciate somebody's kindness	(49)
领取	lǐngqǔ	to get; to draw	(24)
领先	lǐngxiān	leading; to take the lead	(13)
领域	lǐngyù	field	(50)
流程	liúchéng	productive process	(43)
流动	liúdòng	to circulate	(48)
流行	liúxíng	popular	(21)
垄断	lǒngduàn	to monoplize	(33)
露	lòu	to show; to display	(28)
露天	lùtiān	in the open; outdoors	(40)
旅游	lǚyóu	tourism; tour	(50)
履行	lǚxíng	to fulfil; to keep(a promise)	(11)
律师	lǜshī	lawyer	(23)
落后	luòhòu	backwark; lag behind	(26)
落户	luòhù	to settle down	(29)

M

迈出	màichū	to take a step forward	(13)
忙碌	mánglù	busy	(41)
毛病	máobìng	fault	(5)
冒	mào	at one's risk	(46)

媒体	méitǐ	media	(16)
美德	měidé	virtue	(21)
门市	ménshì	retail department; salesroom	(18)
门外汉	ménwàihàn	layman	(27)
秘密	mìmì	secret	(34)
密集	mìjí	concentrated; thick	(47)
棉花	miánhua	cotton	(26)
面貌	miànmào	face; looks	(31)
面熟	miànshú	look familiar	(34)
苗条	miáotiao	slim; slender	(10)
民俗	mínsú	folk custom	(28)
名不副实	míngbùfùshí	the name doesn't match the reality	(16)
名不虚传	míngbùxūchuán	to have a well-deserved reputation	(47)
名花有主	míhuā-yǒuzhǔ	A beautiful lady has her beloved	(50)
名列前茅	míglièqiánmáo	to be placed first in the name list	(25)
名牌	míngpái	famous brand	(3)
名人	míngrén	famous person; great figure	(17)
名义	míngyì	name	(27)
明确	míngquè	clear; clearly	(10)
明显	míngxiǎn	evident; obvious	(27)
命令	mìnglìng	to order	(43)
磨合	móhé	to suit; to get used to	(49)
模拟	mónǐ	to mock; to imitate	(27)
模式	móshì	pattern	(18)
陌生	mòshēng	strange	(26)
目标	mùbiāo	target	(34)
目的	mùdì	purpose; aim	(16)
目的港	mùdìgǎng	port of destination	(4)

N

难免	nánmiǎn	unavoidable	(12)
脑子	nǎozi	brain	(40)

内容	nèiróng	content	(24)
能干	nénggàn	capable	(13)
能力	nénglì	ability	(13)
能源	néngyuán	energy resources	(42)
年轻	niánqīng	young	(40)
年终	niánzhōng	end of the year	(46)
念经	niànjīng	to chant scriptures	(48)
纽带	niǔdài	link; tie	(42)
农村	nóngcūn	countryside	(31)

O

| 偶遇 | ǒuyù | chance to meet | (1) |

P

拍卖	pāimài	auction	(30)
派车	pài chē	to send a car	(19)
派人	pài rén	to send people	(20)
派现	pàixiàn	to pay cash	(46)
攀升	pānshēng	to go up ; to climb up	(25)
培训	péixùn	to train	(9)
培养	péiyǎng	to train	(48)
培育	péiyù	to help develop	(32)
赔偿	péicháng	to compensate	(8)
佩服	pèifu	to admire	(16)
配额	pèi'é	quota	(40)
配股	pèigǔ	to distribute shares	(46)
配合	pèihé	to cooperate	(44)
配送	pèisòng	to provide and deliver	(18)
配置	pèizhì	to deploy; distribution	(44)
碰上	pèngshàng	to come across	(37)
碰损	pèngsǔn	to damage	(8)
批次	pīcì	batch number	(6)
批准	pīzhǔn	to prove	(24)

纰漏	pīlòu	a careless mistake	(38)
偏重于	piānzhòngyú	stress one aspect of a matter	(39)
翩翩起舞	piānpiān-qǐwǔ	to dance trippingly	(50)
拼命	pīnmìng	desperately	(2)
频频	pínpín	frequently	(23)
品格	pǐngé	moral character	(42)
品牌	pǐnpái	good brand	(3)
品味	pǐnwèi	taste	(17)
品种	pǐnzhǒng	type; variety	(3)
聘请	pìnqǐng	to invite	(48)
平安险	píng'ānxiǎn	saftey insurance	(8)
平等	píngděng	equal; equality	(50)
平坦	píngtǎn	flat	(29)
评估	pínggū	to assess	(35)
评价	píngjià	to evaluate	(46)
屏幕	píngmù	screen	(9)
凭	píng	to rely on; with	(5)
凭证	píngzhèng	proof	(22)
破产	pòchǎn	to go bankrupt	(30)
破烂	pòlàn	run-down; broken; ragged	(31)
菩萨	púsà	Buddha	(5)
普遍	pǔbiàn	common; generally	(48)
普及率	pǔjílǜ	rate of popularization	(13)
普通	pǔtōng	common; ordinary	(26)

Q

期货	qīhuò	futures	(28)
期限	qīxiàn	time limit	(8)
欺骗	qīpiàn	to cheat; to mislead	(16)
欺诈	qīzhà	to cheat	(20)
其实	qíshí	as a matter of fact	(49)
其中	qízhōng	among them	(37)

奇怪	qíguài	strange	(21)
奇迹	qíjì	miracle; wonder	(31)
歧视	qíshì	to discriminate against	(22)
齐备	qíbèi	complete; to hve everything needed	(36)
企业	qǐyè	enterprise	(2)
起码	qǐmǎ	at least	(14)
起讫	qǐqì	starting and ending	(8)
起诉	qǐsù	to sue	(23)
启运港	qǐyùngǎng	starting port of shipment	(7)
岂有此理	qǐyǒucǐlǐ	absurd	(20)
气氛	qìfēn	atmosphere	(35)
气概	qìgài	lofty quality	(45)
气魄	qìpò	boldness of vision	(14)
洽谈	qiàtán	to hold a talk; to discuss	(4)
签订	qiāndìng	to conclude and sign	(11)
签发	qiānfā	to sign and issue	(11)
签署	qiānshǔ	to sign	(24)
签约	qiānyuē	to sign an agreement	(11)
签字	qiānzì	to sign; to affix one's signature	(11)
谦虚	qiānxū	modest	(49)
谦逊	qiānxùn	modest	(49)
前景	qiánjǐng	prospect	(1)
前提	qiántí	prerequisite	(23)
前途	qiántú	future	(42)
潜在	qiánzài	hidden; potential	(27)
歉意	qiànyì	apology	(12)
强大	qiángdà	strong; powerful	(16)
强调	qiángdiào	to stress	(45)
强劲	qiángjìng	powerful	(32)
强烈	qiángliè	strong	(32)
强制	qiángzhì	to force; to compel	(36)

抢手	qiǎngshǒu	in great demand	(25)
抢占	qiǎngzhàn	to seize; unlawfully occupy	(27)
抢注	qiǎngzhù	to register before a person concerned	(36)
侵犯	qīnfàn	to violate	(20)
侵害	qīnhài	to encroach on	(20)
侵权	qīnquán	tort	(36)
亲密	qīnmì	very close	(16)
亲自	qīnzì	personal	(24)
轻工	qīngōng	light industry	(47)
轻松	qīngsōng	relaxed; light-hearted	(2)
倾销	qīngxiāo	to dump	(23)
清单	qīngdān	detailed list	(18)
清醒	qīngxǐng	cool-minded	(44)
情景	qíngjǐng	scene; sight	(25)
情面	qíngmiàn	feelings	(4)
情深意长	qíngshēn-yìcháng	deeply affectionate	(2)
情义	qíngyì	friendship; affection	(35)
请教	qǐngjiào	to ask for advice	(44)
庆幸	qìngxìng	luckily; fortunately	(2)
求职	qiúzhí	to seek after a post	(41)
趋势	qūshì	tendency	(25)
渠道	qúdào	channel	(20)
取消	qǔxiāo	to cancel	(22)
全面	quánmiàn	all-sided; overall	(18)
全球化	quánqiúhuà	to globalize	(50)
权利	quánlì	right	(14)
权限	quánxiàn	limits of authority	(36)
权益	quányì	rights and interests	(20)
劝说	quànshuō	to persuade	(17)
缺乏	quēfá	to be short of ; to lack	(23)
缺陷	quēxiàn	defect; flaw	(5)

确定	quèdìng	to fix	(45)
确认	quèrèn	to confirm	(4)
确实	quèshí	really; indeed	(3)

R

让步	ràngbù	to make a concession	(6)
热烈	rèliè	warm	(3)
热情	rèqíng	warm-hearted	(19)
热衷	rèzhōng	to be fond of	(46)
人才	réncái	talented person	(41)
人身	rénshēn	personal	(10)
人选	rénxuǎn	candidate	(13)
任何	rènhé	any	(11)
任期	rènqī	tenure of office	(49)
认购	rèngòu	to subscribe; to offer to buy	(46)
认可	rènkě	to approve	(11)
认真	rènzhēn	carefully; seriously	(20)
认证	rènzhèng	to attest; to authenticate	(5)
仍然	réngrán	still	(21)
日新月异	rìxīn-yuèyì	to change with each passing day	(48)
日夜	rìyè	day and night	(35)
日益	rìyì	daily	(43)
融洽	róngqià	harmonious	(18)
软件	ruǎnjiàn	software	(14)

S

扫描	sǎomiáo	to scan	(18)
沙龙	shālóng	salon	(34)
煽起	shānqǐ	to whip up	(17)
煽情	shānqíng	to urge	(17)
善于	shànyú	to be good at	(21)
商标	shāngbiāo	brand	(36)
商检	shāngjiǎn	commodity inspection	(10)

商检局	shāngjiǎnjú	bureau of commodity inspection	(10)
商谈	shāngtán	to discuss; negotiation	(3)
伤感	shānggǎn	to feel sad	(49)
上岗	shànggǎng	to go to one's post; to go on duty	(42)
社会	shèhuì	society	(49)
涉及	shèjí	to be related to ; in connection with	(10)
设备	shèbèi	equipment	(15)
设计	shèjì	to design	(39)
设立	shèlì	to establish	(24)
设施	shèshī	equipment	(14)
设想	shèxiǎng	to imagine; to assume	(16)
身份	shēnfen	status; capacity	(24)
申办	shēnbàn	to apply for the establishment or holding of	(24)
申报	shēnbào	to declare; to apply for	(9)
申请书	shēnqǐngshū	application	(24)
申诉	shēnsù	to appeal to	(23)
审查	shěnchá	examine; to investigate	(38)
审核	shěnhé	to examine; to verify	(7)
审计	shěnjì	audit	(35)
审美	shěnměi	appreciation of the beautiful	(39)
审批	shěnpī	to examine and approve	(24)
甚至	shènzhì	even	(17)
生产线	shēnchǎnxiàn	production line	(5)
生存	shēngcún	to exist	(42)
生机	shēngjī	vitality	(42)
生力军	shēnglìjūn	new force; fresh activists	(42)
生意	shēngyi	business	(2)
声称	shēngchēng	to claim	(12)
声势	shēngshì	momentum; prestige	(16)
声誉	shēngyù	reputation	(36)

圣诞	shèngdàn	Christmas	(50)
胜诉	shèngsù	to win a lawsuit	(23)
盛大	shèngdà	grand	(16)
盛会	shènghuì	grand fair or meeting	(47)
剩余	shèngyú	surplus	(45)
失败	shībài	to fail; failure	(30)
失误	shīwù	error	(12)
失效	shīxiào	to become invalid	(24)
施工	shīgōng	under construction	(29)
十足	shízú	in a true sense; sheer	(40)
时机	shíjī	chance	(45)
时刻	shíkè	at any moment	(50)
识别	shíbié	to distinguish	(39)
实干	shígàn	to do a solid job	(42)
实绩	shíjì	tangible achievements	(14)
实际	shíjì	real; reality	(41)
实力	shílì	strength	(27)
实盘	shípán	firm offer	(4)
实施	shíshī	to carry out ; to implement	(18)
实现	shíxiàn	to realize	(33)
实行	shíxíng	to practise; to carry out	(18)
实用	shíyòng	practical	(27)
实在	shízài	really; indeed	(40)
实质	shízhì	substance; essence	(23)
使用	shǐyòng	to use	(26)
始终	shǐzhōng	always	(13)
市场	shìchǎng	market	(1)
示范	shìfàn	to set an example; to demonstrate	(29)
视觉	shìjué	sense of vision	(39)
事故	shìgù	accident	(7)
事前	shìqián	in advance; beforehand	(13)

事实	shìshí	fact	(12)
事业	shìyè	career	(2)
事宜	shìyí	mattrs concerned	(15)
势头	shìtou	momentum	(32)
试探	shìtàn	to probe; to feel out	(29)
试图	shìtú	to try	(49)
试验	shìyàn	to experiment	(29)
拭	shì	to wipe	(43)
适合	shìhé	suitable	(28)
适销	shìxiāo	salable	(42)
收购	shōugòu	to buy	(33)
收汇	shóuhuì	to receive the money remitted	(6)
收获	shōuhuò	to harvest; harvest	(33)
收益	shōuyì	benefits	(39)
手段	shǒuduàn	means; method	(21)
手续	shǒuxù	formalities	(9)
首席	shǒuxí	chief	(24)
受罚	shòufá	to be punished	(15)
受害	shòuhài	to suffer	(23)
受理	shòulǐ	to accept(a case)	(11)
受让	shòuràng	to accetp one's transference	(40)
授权	shòuquán	to authorize	(24)
熟悉	shúxī	familiar	(11)
熟知	shúzhī	to know well	(36)
术语	shùyǔ	term	(7)
数量	shùliàng	quantity	(4)
数字	shùzì	figure; numeral	(25)
树立	shùlì	to setup	(16)
恕我直言	shùwǒzhíyán	excuse me for my putting it bluntly	(33)
水货	shuǐhuò	smuggled goods	(20)
水渍险	shuǐzìxiǎn	with particular average(W. P. A)	(8)

税率	shuìlǜ	rate of taxation	(9)
税务	shuìwù	tax (bureau)	(38)
顺利	shùnlì	smoothly	(38)
说服	shuōfú	to persuade	(12)
私人	sīrén	private; personal	(24)
私自	sīzì	secretly; privately	(40)
思想	sīxiǎng	thinking	(41)
丝绸	sīchóu	silk in general	(28)
四面受敌	sìmiàn-shòudí	to be exposed to enemy attacks on all sides	(43)
送别	sòngbié	to see off	(49)
送行	sòngxíng	to see off	(49)
诉讼	sùsòng	lawsuit	(35)
素质	sùzhì	personal quality	(39)
算账	suànzhàng	to settle an account; to get even with	(11)
随便	suíbiàn	casual; at random	(8)
随时	suíshí	at any time	(35)
随意	suíyì	as one likes	(34)
随着	suízhe	along with	(3)
损害	sǔnhài	to harm ; to impair	(23)
损失	sǔnshī	loss	(36)
所属	suǒshǔ	to belong to	(30)
索赔	suǒpéi	to claim an indemnity	(6)

T

台阶	táijiē	a flight of steps	(32)
太平	tàipíng	peaceful	(40)
态度	tàidu	attitude	(19)
谈判	táipàn	to negotiate	(4)
坦率	tǎishuài	frank	(31)
逃避	táobì	to escape; to shirk	(10)

淘汰	táotài	to eliminate; to die out	(26)
陶瓷	táocí	pottery	(28)
讨价还价	tǎojiàhuánjià	to bargain	(4)
讨论	tǎolùn	to discuss	(11)
套出	tàochū	to coax something out somebody	(34)
特殊	tèshū	special	(4)
特邀	tèyāo	specially invite	(27)
藤萝	téngluó	Chinese wistaria	(26)
提单	tídān	bill of lading	(7)
提供	tígōng	to provide	(7)
提货	tíhuò	to pick up goods sent	(8)
提醒	tíxǐng	to remind; warning	(39)
体系	tǐxì	system	(43)
体现	tǐxiàn	to give expression to	(21)
体验	tǐyàn	experience	(49)
体育	tǐyù	sports	(39)
体制	tǐzhì	system	(23)
替代	tìdài	to substitute	(23)
天然	tiānrán	natural	(42)
天堂	tiāntáng	paradise	(31)
填写	tiánxiě	to fill in	(23)
挑剔	tiāoti	hypercritiacl; to nitpick	(5)
挑选	tiāoxuǎn	to select	(19)
条件	tiáojiàn	condition	(13)
条款	tiáokuǎn	clause (of a legal document)	(6)
条例	tiáolì	reguations; rules	(9)
条码	tiáomǎ	bar code	(18)
调解	tiáojiě	to mediate	(11)
调整	tiáozhěng	to adjust	(9)
挑战	tiǎozhàn	to challenge	(27)
跳槽	tiàocáo	to leave one job and take on another	(30)

停止	tíngzhǐ	to stop	(10)
通关	tōngguān	clearance	(9)
通过	tōngguò	through	(12)
通行证	tōngxíngzhèng	pass	(43)
通讯	tōngxùn	communication	(29)
通知	tōngzhī	to notify; to inform	(41)
同事	tóngshì	colleague	(12)
统一	tǒngyī	unified	(18)
头脑	tóunǎo	brain; mind	(42)
投保	tóubǎo	to insure	(8)
投标	tóubiāo	to submit a tender	(40)
投产	tóuchǎn	to put into production	(29)
投机	tóujī	to speculate	(46)
投入	tóurù	to invest in; to put into	(15)
投诉	tóusù	to complain about (of a customer)	(20)
投资	tóuzī	to invest; investment	(2)
突出	tūchū	prominent	(49)
突破	tūpò	to break through	(47)
突然	tūrán	suddenly	(12)
途径	tújìng	channel; way	(45)
图样	túyàng	design	(36)
推荐	tuījiàn	to recommend	(14)
推进	tuījìn	to promote; to push forward	(45)
推向	tuīxiàng	to put out	(3)
推销	tuīxiāo	to promote sales	(17)
退还	tuìhuán	to return	(30)
退货	tuìhuò	to return goods	(5)
囤积	túnjī	to store; to hoard	(9)

W

| 外观 | wàiguān | look; appearance | (5) |

外行	wàiháng	layman	(19)
外汇	wàihuì	foreign currency	(22)
外孙	wàisūn	grandson; daughter's son	(26)
外销	wàixiāo	for sale abroad or in another part of the country	(40)
外资	wàizī	foreign capital	(33)
完备	wánbèi	complete; perfect	(24)
完善	wánshàn	perfect	(9)
婉言	wǎnyán	gentle words	(3)
往事	wǎngshì	past events	(13)
网点	wǎngdiǎn	network of connercial establishments	(19)
网络	wǎngluò	network	(9)
危机感	wēijīgǎn	a feeling of crisis	(32)
威胁	wēixié	to threaten	(23)
微观	wēiguān	micro-	(44)
为难	wéinán	in an awkward position	(15)
为人	wéirén	to conduct oneself	(49)
维护	wéihù	to defend	(20)
维修	wéixiū	to maintain	(19)
违法	wéifǎ	to violate the law; illegal	(20)
违约	wéiyuē	to break a contract	(12)
委任	wěirèn	to appoint	(24)
委托	wěituō	to entrust	(7)
委员会	wěiyuánhuì	committee	(36)
萎缩	wěisuō	to wither	(48)
未来	wèilái	future	(31)
胃口	wèikǒu	appetite; liking	(17)
温饱	wēnbǎo	adequate food and clothing	(26)
温情	wēnqíng	tender feeling	(21)
文本	wénběn	text	(38)
文件	wénjiàn	document	(16)

文献	wénxiàn	document	(37)
稳步	wěnbù	steady	(25)
稳定	wěndìng	steady	(2)
问卷	wènjuàn	questionnaire	(23)
窝囊	wōnang	to feel vexed	(19)
无可奉告	wúkě-fènggào	no comment	(34)
无形	wúxíng	intangible; invisible	(39)
武器	wǔqì	weapon	(50)
舞台	wǔtái	stage	(1)
物资	wùzī	goods and materials	(42)
误会	wùhuì	to misunderstand	(13)

X

吸收	xīshōu	to absorb	(21)
吸引力	xīyǐnlì	appeal; attractiveness	(17)
嬉戏	xīxì	to play	(26)
细节	xìjié	particulars; details	(15)
下海	xiàhǎi	to engage in trade	(2)
闲谈	xiántán	to chat	(9)
显得	xiǎnde	seem; appear	(49)
显示	xiǎnshì	to display; to show	(9)
显著	xiǎnzhù	obvious; clear	(18)
险别	xiǎnbié	types of insurance	(8)
现场	xiànchǎng	on the spot	(25)
现成	xiànchéng	ready-made	(15)
现货	xiànhuò	spots	(28)
现金	xiànjīn	cash	(15)
现行	xiànxíng	currently in force	(43)
限期	xiànqī	time limit	(37)
限于	xiànyú	to limit	(37)
限制	xiànzhì	to limit; restriction	(14)
陷入	xiànrù	to fall into ; to be caught in	(33)

羡慕	xiànmù	to admire	(14)
相对	xiāngduì	comparatively	(45)
相关	xiāngguān	relative	(36)
相聚	xiāngjù	to gather; to get together	(47)
相思病	xiāngsībìng	lovesickness	(2)
相应	xiāngyìng	corresponding	(14)
乡镇	xiāngzhèn	village and township	(31)
详尽	xiángjìn	detailed	(11)
详细	xiángxì	in detail	(14)
想念	xiǎngniàn	to miss	(2)
享受	xiǎngshòu	to enjoty	(26)
享有	xiǎngyǒu	to enjoy (prestige)	(36)
向导	xiàngdǎo	guide	(27)
项目	xiàngmù	project	(22)
消毒	xiāodú	to disinfect; to sterilize	(26)
消化	xiāohuà	to digest	(21)
消失	xiāoshī	to disappear	(48)
销售	xiāoshòu	to sell	(4)
小看	xiǎokàn	to belittle	(3)
小康	xiǎokāng	comfortably off	(26)
效果	xiàoguǒ	effect	(5)
效劳	xiàoláo	to render one's service	(50)
效力	xiàolì	effect	(38)
效益	xiàoyì	benefit	(18)
效应	xiàoyìng	effec	(16)
协定	xiédìng	agreementt	(22)
协会	xiéhuì	association	(20)
协商	xiéshāng	to consult	(11)
协调	xiétiáo	to coordinate	(44)
协议	xiéyì	agreement	(14)
携手	xiéshǒu	go joint hands	(15)

谢绝	xièjué	to decline; to refuse	(3)
心理	xīnlǐ	psychology	(17)
心目	xīnmù	mind; mental view	(25)
心疼	xīnténg	to feel sorry; to love dearly	(26)
辛苦	xīnkǔ	laborious	(9)
新兴	xīnxīng	newly rise	(14)
新颖	xīnyǐng	new and original	(37)
欣赏	xīnshǎng	to enjoy	(10)
信函	xìnhán	letters	(28)
信任	xìnrèn	to trust	(6)
信守	xìnshǒu	to abide by	(6)
信息	xìnxī	information	(9)
信心	xìnxīn	confidence	(1)
信用	xìnyòng	credit	(35)
信用证	xìnyòngzhèng	letter of credit	(6)
信誉	xìnyù	reputation; prestige	(13)
兴办	xīngbàn	to initiate; to set up	(22)
兴奋	xīngfèn	exciting; excitement	(29)
行骗	xíngpiàn	to cheat; to swindle	(37)
行驶	xíngshǐ	to go (of a vehicle); to drive	(31)
行为	xíngwéi	behaviour	(20)
行政	xíngzhèng	administrative	(36)
形成	xíngchéng	to form	(32)
形式	xíngshì	form	(16)
形象	xíngxiàng	image	(16)
幸好	xìnghǎo	luckily; fortunately	(37)
幸会	xìnghuì	nice to meet	(15)
幸灾乐祸	xìngzāilèhuò	to take pleasure in somebody's misfortune	(43)
性急	xìngjí	impatient; short-tempered	(40)
性能	xìngnéng	property; function	(5)

兴致勃勃	xìngzhìbóbó	in high spirits	(28)
休假	xiūjià	on leave	(18)
休闲	xiūxián	leisure	(40)
修改	xiūgǎi	to revise; to alter	(11)
秀丽	xiùlì	beautiful	(31)
需求	xūqiú	to demand and supply	(14)
虚假	xūjiǎ	false; sham	(16)
许可证	xǔkězhèng	permit; license	(10)
宣布	xuānbù	to announce	(35)
宣传	xuānchuán	to propaganda	(15)
选择	xuǎnzé	to choose	(3)
血汗	xuèhàn	blood and sweat	(43)
询问	xúnwèn	to inquire about	(36)
寻求	xúnqiú	to seek after	(20)
寻找	xúnzhǎo	to look for	(13)
循环	xúnhuán	to circulate; cycle	(45)
迅速	xùnsù	quickly	(50)

Y

严格	yángé	strict	(12)
严禁	yánjìn	strictly forbid	(40)
严肃	yánsù	serious; solemn	(20)
严重	yánzhòng	serious	(24)
研究	yánjiū	research; to study	(16)
研究生	yánjiūshēng	postgraduate	(41)
眼光	yǎnguāng	foresight; insight	(42)
眼泪	yǎnlèi	tear	(43)
秧歌	yānggē	yangge (a Chinese folk dance)	(28)
扬名	yángmíng	to become famous	(39)
阳台	yángtái	balcony; veranda	(7)
样品	yàngpǐn	sample	(5)
要求	yāoqiú	to ask; to require	(12)

要素	yàosù	essential factor	(23)
野心	yěxīn	wild ambition	(34)
业绩	yèjī	outstanding achievement	(46)
业务	yèwù	business; profession	(3)
一旦	yídàn	once	(7)
一举两得	yìjǔ-liǎngdé	to gain two ends at once	(2)
一流	yīliú	the first class	(16)
一路顺风	yílùshùnfēng	have a pleasant journey	(49)
一模一样	yìmúyíyàng	exactly the same	(26)
一切	yíqiè	all; everything	(24)
一致	yízhì	agreement	(6)
依据	yījù	on the basis; ground	(25)
依靠	yīkào	to rely on	(27)
依赖	yīlài	to rely on	(42)
依照	yīzhào	according to	(43)
遗憾	yíhàn	sorry; pity	(15)
以便	yǐbiàn	so as to	(27)
义务	yìwù	obligation; duty	(7)
议论	yìlùn	to talk; to discuss	(30)
意见	yìjiàn	opinion; comment	(11)
意识	yìshi	consciousness	(20)
意外	yìwài	unexpected; accidental	(13)
意向	yìxiàng	intention	(15)
异议	yìyì	objection; dissent	(11)
音乐	yīnyuè	music	(50)
引导	yǐndǎo	to guide	(17)
引进	yǐnjìn	to introduce	(21)
引起	yǐnqǐ	to arouse; to lead to	(38)
引人注目	yǐnrén-zhùmù	attractive	(34)
引资	yǐnzī	to draw capital	(28)
印制	yìnzhì	to print	(16)

影响	yǐngxiǎng	to influence; to feefect	(18)
应变	yìngbiàn	to meet an emergency	(31)
应聘	yìngpìn	to accept an offer of employment	(41)
应诉	yìngsù	to be ready for self-defense in a lawsuit	(23)
硬件	yìngjiàn	hardware	(14)
佣金	yōngjīn	commission; middleman's fee	(14)
拥有	yōngyǒu	to possess	(29)
永远	yǒngyuǎn	always	(42)
勇敢	yǒnggǎn	brave	(23)
勇气	yǒngqì	courage	(23)
用武之地	yòngwǔzhīdì	a place for one's ability	(1)
优厚	yōuhòu	excellent	(14)
优化	yōuhuà	to optimize	(45)
优惠	yōuhuì	favourable	(2)
优良	yōuliáng	fine; good	(21)
优美	yōuměi	beautiful(music)	(50)
优势	yōushì	superiority	(14)
优秀	yōuxiù	excellent	(35)
幽雅	yōuyǎ	in good taste	(45)
有偿	yǒucháng	to give a reward; compensated	(40)
有效	yǒuxiào	effective	(8)
有效期	yǒuxiàoqī	term of validity	(6)
有形	yǒuxíng	tangilbe; visible	(39)
有幸	yǒuxìng	to have good fortune; lucky	(1)
有意	yǒuyì	to be inclined to ; intentionally	(30)
诱导	yòudǎo	to guide; to induce	(17)
诱惑	yòuhuò	to seduce; to allure	(25)
余地	yúdì	leeway; margin	(33)
逾期	yúqī	to be overdue; to exceed the time limit	(24)
愉快	yúkuài	pleasant	(16)

预付	yùfù	to pay in advance	(30)
预期	yùqī	to expect	(32)
预算	yùsuàn	budget	(16)
原因	yuányīn	reason	(12)
原则	yuánzé	principle	(21)
远见	yuǎnjiàn	vision; foresight	(14)
愿望	yuànwàng	wish	(15)
跃上	yuèshàng	to leap to	(32)
越过	yuèguò	to go over	(7)
云集	yúnjí	to gather	(28)
允许	yǔnxǔ	to permit; to allow	(50)
运动	yùndòng	movement; sports	(39)
运费	yùnfèi	transportation expenses	(4)
运输	yùnshū	to transport	(4)
运用	yùnyòng	to use	(44)
运作	yùnzuò	to operate	(18)
酝酿	yùnniàng	to consider and talk over before a decision is made	(45)

Z

砸烂	zálàn	to smash; to break	(43)
在职	zàizhí	on the job; at one's post	(48)
在座	zàizuò	be present	(35)
赞成	zànchéng	to approve of; to agree with	(46)
赞美	zànměi	to eulogize	(7)
赞赏	zànshǎng	to admire; to praise	(3)
赞助	zànzhù	to support	(39)
糟糕	zāogāo	bad	(11)
糟蹋	zāotā	to waste; to spoil	(43)
造成	zàochéng	to cause	(23)
造型	zàoxíng	shape	(5)
噪音	zàoyīn	noise	(5)

责令	zélìng	to order; to demand	(36)
责任	zérèn	responsibility	(8)
增幅	zēngfú	extent of increase	(30)
增加	zēngjiā	to increase; to add to	(6)
增值	zēngzhí	value increase	(45)
展区	zhǎnqū	exhibition zone	(47)
展示	zhǎnshì	to display; to show	(17)
展台	zhǎntái	display stand	(47)
展望	zhǎnwàng	to look into the futrue	(50)
占领	zhànlǐng	to occupy	(34)
占有率	zhànyǒulǜ	rate of occupancy	(36)
战略	zhànlüè	strategy	(39)
战胜	zhànshèng	to defeat; to win	(45)
战争	zhànzhēng	war	(8)
章程	zhāngchéng	regulations	(33)
掌握	zhǎngwò	to grasp; to know well	(23)
障碍	zhàng'ài	obstacle	(49)
账本	zhàngběn	account book	(44)
账目	zhàngmù	accounts	(35)
招标	zhāobiāo	to invite tenders	(40)
招待会	zhāodàihuì	receptions	(16)
招徕	zhāolái	to solicit	(28)
招聘	zhāopìn	to invite applications for jobs	(41)
招商	zhāoshāng	to invite outside investment	(28)
着急	zháojí	to get worried	(36)
照搬	zhàobān	to copy	(39)
折腾	zhēteng	to do something about	(26)
折扣	zhékòu	discount	(14)
真实	zhēnshí	genuine	(22)
真相	zhēnxiàng	real facts; truth	(20)
争取	zhēngqǔ	to strive for	(12)

争相	zhēngxiāng	to vie with each other in doing something	(46)
争议	zhēngyì	to dispute	(12)
征税	zhēngshuì	to levy taxes	(9)
整体	zhěngtǐ	whole; entirety	(42)
正经	zhèngjing	serious	(7)
正确	zhèngquè	correct	(44)
正式	zhèngshì	formal; formally	(11)
证件	zhèngjiàn	papers; certificate	(24)
证据	zhèngjù	evidence	(12)
证明	zhèngmíng	proof; to prove	(23)
证券	zhèngquàn	negotiable securities	(46)
证书	zhèngshū	certificate; license	(10)
政策	zhèngcè	policy	(34)
郑重	zhèngzhòng	seriously	(19)
支持	zhīchí	to support; support	(18)
支配	zhīpèi	to dominate	(45)
支票	zhīpiào	cheque	(19)
直接	zhíjié	direct	(3)
直率	zhíshuài	candid; frank	(41)
直说	zhíshuō	to say bluntly	(49)
值班	zhíbān	on duty	(20)
值得	zhídé	to deserve; to be worth	(14)
执行	zhíxíng	to carry out ; to implement	(10)
职能	zhínéng	function	(48)
职业	zhíyè	profession	(48)
指标	zhǐbiāo	index; quota	(25)
指定	zhǐdìng	appointed; designated	(22)
指控	zhǐkòng	to accuse	(23)
制单	zhìdān	to complete a form	(9)
制定	zhìdìng	to work out	(27)
制度	zhìdù	system	(10)

制作	zhìzuò	to make	(17)
秩序	zhìxù	order	(50)
滞报	zhìbào	delayed declaration	(9)
滞港	zhìgǎng	to be held up in the prot	(9)
衷心	zhōngxīn	heartfelt	(38)
终生	zhōngshēng	all one's life	(15)
种类表	zhǒnglèibiǎo	list of commodities for inspection	(10)
中标	zhòngbiāo	to win the tender	(40)
重大	zhòngdà	inportant	(45)
重点	zhòngdiǎn	key point	(34)
重视	zhòngshì	to attach importance to	(21)
重要	zhòngyào	important	(25)
仲裁	zhòngcái	to arbitrate	(6)
周到	zhōudào	thoughtful	(8)
周密	zhōumì	thorough	(38)
周围	zhōuwéi	surrounding	(43)
逐渐	zhújiàn	gradually	(22)
主导	zhǔdǎo	dominant	(47)
主动	zhǔdòng	active; to take the initiative	(14)
主管	zhǔguǎn	in charge of	(38)
主讲	zhǔjiǎng	principal lecturer	(35)
主角	zhǔjué	leading role	(45)
注册	zhùcè	to register	(15)
注入	zhùrù	to pour into	(15)
注意	zhùyì	to pay attention to; attention	(11)
助手	zhùshǒu	assistant	(30)
驻	zhù	to station	(24)
抓紧	zhuājǐn	to seize; to hold firmly	(40)
抓住	zhuāzhù	to grasp	(14)
专长	zhuāncháng	special skill ou knowledge	(41)
专柜	zhuānguì	special counter	(19)

专家	zhuānjiā	expert	(48)
专利	zhuānlì	patent	(37)
专业	zhuānyè	professional	(35)
专营	zhuānyíng	to specialize in	(14)
专职	zhuānzhí	full-time; specific duty	(9)
转变	zhuǎnbiàn	to change	(29)
转播	zhuǎnbō	to relay	(39)
转岗	zhuǎngǎng	to take up a new jobe	(48)
转化	zhuǎnhuà	to transtorm	(26)
转让	zhuǎnràng	to transfer the ownership of something	(37)
转移	zhuǎnyí	to transfer; to shift	(22)
转增	zhuǎnzēng	to increase by transferring	(46)
转账	zhuǎnzhàng	to transfer into an account	(9)
装船	zhuāngchuán	to ship; shipment	(7)
装修	zhuāngxiū	to decorate	(26)
装运	zhuāngyùn	to load for transportation; to ship	(7)
状况	zhuàngkuàng	situation	(35)
壮大	zhuàngdà	to grow in strength	(45)
追加	zhuījiā	to add to	(29)
追求	zhuīqiú	to seek after	(34)
追账	zhuīzhàng	to recover debts	(35)
准备	zhǔnbèi	to prepate; preparation	(15)
准确	zhǔnquè	exact; precise	(22)
准入	zhǔnrù	to be allowed to enter	(43)
资本	zīběn	capital	(15)
资产	zīchǎn	property	(39)
资格	zīgé	qualification	(33)
资金	zījīn	fund	(2)
资料	zīliào	material	(14)
资信	zīxìn	qualifications and credit	(35)

资源	zīyuán	natural resources	(42)
咨询	zīxún	to seek advice	(7)
仔细	zǐxì	careful	(6)
自动	zìdòng	automatic	(9)
自然	zìrán	naturally	(37)
自身	zìshēn	self; oneself	(42)
自信	zìxìn	self-confident	(45)
自行	zìxíng	by oneself	(47)
自由	zìyóu	free	(22)
自主	zìzhǔ	independent	(33)
自作多情	zìzuòduōqíng	to show affection toward an opposite sex	(50)
综合	zōnghé	comprehensive; synthetical	(39)
总部	zǒngbù	head office	(12)
总额	zǒng'é	total amount	(32)
总体	zǒngtǐ	overall; total	(27)
走私	zǒusī	to smuggle	(20)
租船	zūchuán	chartering	(7)
组成	zǔchéng	to constitute; to form	(18)
组织	zǔzhī	organization	(22)
尊重	zūnzhòng	to respect	(41)
作价	zuòjià	to fix a price for something	(37)
作为	zuòwéi	to be considered; to be taken as	(37)
做作	zuòzuo	artificial; unnatural	(17)
座谈	zuòtán	to discuss	(48)